While every precaution has been take
book, the publisher assumes no respo
or for damages resulting from the use
herein.

EL DESPERTAR DE LA IA: CÓMO TRANSFORMARÁ NUESTRAS VIDAS

**First edition. November 17, 2024.**

Copyright © 2024 Arturo Benites.

ISBN: 979-8230102687

Written by Arturo Benites.

# Also by Arturo Benites

**Infantil**
La Bruja Nino y el Príncipe Amadeo

**Inteligencia Artificial**
Administración Industrial 4.0: Innovando en la Era de la AI
El Futuro del Trabajo: IA y Nuevas Competencias
El Maestro 4.0: Estrategias Pedagógicas en la Era de la Inteligencia
Industria 4.0 Inteligente: Cómo la IA está redefiniendo la manufactura
Inteligencia Artificial Desmitificada: Una Guía Práctica
Inteligencia Artificial para Todos: Un Enfoque Práctico para el Futuro
Inteligencia Artificial y Educación Técnica Superior
The Future of the Supply Chain: Artificial Intelligence in Logistics
El Despertar de la IA: Cómo Transformará Nuestras Vidas
Innovando la Práctica Docente: Metodologías Digitales para la Enseñanza Superior

**Standalone**
Sudoku for Adults: 400 Easy to Hard Puzzles with Solutions

# El Despertar de la IA: Cómo Transformará Nuestras Vidas

# Dedicatoria

A mi amada esposa, cuya paciencia y amor incondicional han sido mi mayor fuente de inspiración. A mis hijos, que iluminan mi vida con su energía y curiosidad. Y a mi querido nieto, que representa el futuro y la esperanza. Este libro es un tributo a ustedes, mi familia, que me motiva a seguir explorando y enseñando. Con todo mi cariño.

# Contenido

Dedicatoria

Introducción

Capítulo 1: ¿Qué es la Inteligencia Artificial?

Definición de Inteligencia Artificial
Componentes Clave de la IA
Conclusión

Capítulo 2: Evolución de la IA

Los Primeros Años: Conceptos y Teoría
Década de 1960: El Optimismo Inicial
Década de 1990: Renacimiento de la IA
La Era Moderna de la IA
El Futuro de la IA
Conclusión

Capítulo 3: Cómo Funciona la IA

1. Aprendizaje Automático (Machine Learning)
3. Procesamiento del Lenguaje Natural (NLP)
4. Visión por Computadora
5. Integración y Aplicaciones Prácticas
Conclusión

Capítulo 4: IA en el Trabajo

1. Automatización de Tareas
2. Mejora de la Toma de Decisiones
3. Nuevas Oportunidades Laborales
4. Desafíos y Consideraciones
5. Adaptación a la IA en el Trabajo

Conclusión

## Capítulo 5: IA en la Salud

1. Diagnóstico Asistido por IA
2. Personalización del Tratamiento
3. Monitoreo y Gestión de Pacientes
4. Desafíos y Consideraciones Éticas
5. El Futuro de la IA en la Salud

Conclusión

## Capítulo 6: IA en la Educación

1. Personalización del Aprendizaje
2. Mejora de la Enseñanza
3. Accesibilidad y Equidad
4. Desafíos y Consideraciones Éticas
5. El Futuro de la IA en la Educación

Conclusión

## Capítulo 7: IA en el Hogar

1. Asistentes Virtuales
2. Hogares Inteligentes
3. Automatización y Eficiencia Energética
4. Seguridad del Hogar y Salud y Bienestar
5. Desafíos y Consideraciones Éticas
5. El Futuro de la IA en el Hogar

Conclusión

## Capítulo 8: Ética y Responsabilidad en la IA

1. Principios Éticos en la IA
2. Desafíos Éticos en la IA
3. Estrategias para un Desarrollo Responsable

4. Casos de Estudio
5. El Futuro de la Ética en la IA
Conclusión

Capítulo 9: Privacidad y Seguridad en la Era de la IA

1. La Naturaleza de los Datos en la IA
2. Desafíos de Privacidad
3. Desafíos de Seguridad
4. Estrategias para Proteger la Privacidad y Seguridad
5. El Futuro de la Privacidad y Seguridad en la IA
Conclusión

Capítulo 10: IA y Desigualdad

1. La Brecha Digital
2. Desigualdad en el Mercado Laboral
3. Desigualdad en el Acceso a Servicios
4. Sesgo Algorítmico y Desigualdad
5. Estrategias para Mitigar la Desigualdad
6. El Futuro de la IA y la Desigualdad
Conclusión

Capítulo 11: Visiones del Futuro de la IA

1. IA como Compañera Cotidiana
2. Transformación del Trabajo
3. IA y Sostenibilidad
4. Desafíos Éticos y Sociales
5. IA y el Futuro de la Educación
6. Interacción Humano-Máquina
7. Conclusión: Un Futuro Compartido

Capítulo 12: Preparándonos para el Despertar de la IA

1. Definiendo el Despertar de la IA
2. Implicaciones Éticas y Sociales
3. Preparación Tecnológica

4. Construyendo una Sociedad Resiliente
5. Mirando Hacia el Futuro
6. Conclusión: Un Despertar Responsable

# Introducción

En la última década, la inteligencia artificial (IA) ha pasado de ser una curiosidad científica para convertirse en una fuerza transformadora en prácticamente todos los aspectos de nuestras vidas. Desde la forma en que trabajamos hasta cómo nos comunicamos y aprendemos, la IA está redefiniendo nuestras interacciones y experiencias cotidianas.

Este libro, "**El Despertar de la IA: Cómo Transformará Nuestras Vidas**," tiene como objetivo explorar el impacto profundo y multifacético de la IA en nuestra sociedad. Abordaremos no solo los avances tecnológicos que han hecho posible esta revolución, sino también las implicaciones éticas, sociales y económicas que surgen en su estela.

Comenzaremos con una comprensión fundamental de qué es la IA y cómo ha evolucionado a lo largo del tiempo. A medida que avancemos, examinaremos su aplicación en sectores clave, desde la salud y la educación hasta el trabajo y la vida cotidiana. Pero no todo es optimismo; también discutiremos los desafíos éticos y de privacidad que deben ser abordados para garantizar que la IA sirva al bien común.

Al final de este recorrido, esperamos ofrecer no solo una visión clara del presente y futuro de la IA, sino también herramientas y reflexiones que nos ayuden a navegar en este nuevo paisaje. La IA no es solo una tecnología; es un cambio de paradigma que requiere nuestra atención y acción.

Te invitamos a unirte a nosotros en este viaje. Juntos, exploraremos cómo el despertar de la IA no solo transformará nuestras vidas, sino que también nos desafiará a repensar lo que significa ser humano en la era digital.

# Capítulo 1: ¿Qué es la Inteligencia Artificial?

La inteligencia artificial (IA) es un campo de estudio que ha capturado la imaginación de científicos, ingenieros y del público en general. Pero ¿qué es realmente la IA? En su esencia, la IA se refiere a la capacidad de una máquina para imitar funciones cognitivas humanas, como el aprendizaje, el razonamiento y la resolución de problemas. En este capítulo, desglosaremos los conceptos fundamentales de la IA, su clasificación y su evolución a lo largo del tiempo.

La inteligencia artificial no solo representa un avance tecnológico, sino que también plantea preguntas profundas sobre la ética, la responsabilidad y el futuro del trabajo. A medida que las máquinas se vuelven más capaces de realizar tareas que normalmente requerían inteligencia humana, surgen desafíos relacionados con la privacidad, la seguridad y el impacto social. Este capítulo también explorará cómo la IA se ha integrado en diversas industrias, transformando procesos y creando nuevas oportunidades, al tiempo que se discuten las implicaciones de su adopción masiva en la sociedad. La comprensión de estos aspectos es crucial para navegar en un mundo cada vez más influenciado por la inteligencia artificial.

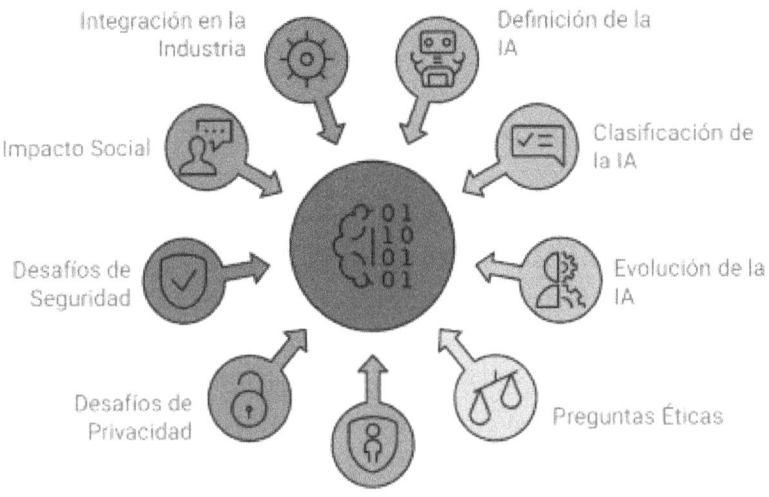

## Definición de Inteligencia Artificial

La IA se puede definir como la simulación de procesos de inteligencia humana por parte de sistemas informáticos. Estos procesos incluyen el aprendizaje (adquirir información y reglas para usarla), el razonamiento (usar reglas para llegar a conclusiones o tomar decisiones) y la autocorrección.

LA IA se apoya en diversas técnicas y enfoques, como el aprendizaje automático (machine learning) y el procesamiento del lenguaje natural (NLP), que permiten a las máquinas mejorar su rendimiento a medida que reciben más datos. El aprendizaje automático, por ejemplo, capacita a los sistemas para identificar patrones y hacer predicciones basadas en grandes volúmenes de información, mientras que el procesamiento del lenguaje natural les permite comprender y generar texto humano de manera coherente. Estos avances no solo amplían las capacidades de la IA, sino que también abren la puerta a aplicaciones innovadoras en áreas como la atención médica, la educación y la atención al cliente, transformando así la forma en que interactuamos con la tecnología en nuestro día a día.

La IA puede ser categorizada en dos tipos principales:

**1. IA Débil**

La IA débil, también conocida como IA estrecha, se refiere a sistemas diseñados y entrenados para realizar tareas específicas. Estos sistemas no poseen consciencia ni entendimiento; simplemente ejecutan funciones programadas. Ejemplos de IA débil incluyen asistentes virtuales como Siri y Alexa, chatbots de atención al cliente y algoritmos de recomendación en plataformas de streaming.

Por otro lado, la IA débil se distingue claramente de la IA fuerte, que es un concepto teórico que implica la creación de máquinas con una comprensión y conciencia similar a las humanas. Aunque la IA débil ha demostrado ser extremadamente útil y efectiva en la automatización de tareas específicas, su limitación radica en su incapacidad para generalizar conocimientos o adaptarse a situaciones fuera de su programación inicial. Esto plantea importantes consideraciones sobre el diseño y la implementación de sistemas de IA en entornos complejos, donde la flexibilidad y la adaptabilidad son cruciales. A medida que avanzamos en el desarrollo de tecnologías de IA, es fundamental seguir explorando los límites de la IA débil y cómo puede integrarse con enfoques más avanzados, fomentando un diálogo sobre sus implicaciones éticas y sociales.

**2. IA Fuerte**

La IA fuerte, o IA general, es una forma teórica de inteligencia artificial que tiene la capacidad de entender, aprender y aplicar conocimiento en múltiples contextos, similar a un ser humano. Aunque la IA fuerte es un objetivo a largo plazo de la investigación en IA, aún no se ha logrado. Los sistemas actuales no poseen la versatilidad ni la comprensión profunda que caracterizan a la inteligencia humana.

La búsqueda de la IA fuerte plantea desafíos significativos tanto en términos técnicos como éticos. Desde un punto de vista técnico, la creación de sistemas que puedan razonar, comprender emociones y adaptarse a situaciones complejas requiere avances en áreas como el aprendizaje profundo, la cognición artificial y la neurociencia. Asimismo, surgen preguntas éticas sobre la responsabilidad y el control de estas máquinas: ¿cómo aseguramos que una IA general actúe en beneficio de la humanidad? A medida que los investigadores continúan explorando este horizonte, es crucial establecer marcos regulatorios y éticos que guíen el desarrollo de tecnologías avanzadas. La discusión sobre la IA fuerte no solo se centra en su viabilidad técnica, sino también en cómo su implementación podría redefinir nuestra relación con la tecnología y el impacto que tendría en la sociedad en su conjunto.

## Componentes Clave de la IA

Para comprender mejor la IA, es útil explorar sus componentes fundamentales:

| Componente | Descripción |
| --- | --- |
| Aprendizaje automático | Técnica que permite a las máquinas aprender de la experiencia, adaptándose y mejorando su rendimiento sin programación específica. |
| Procesamiento del Lenguaje Natural (PNL) | Habilidad de las máquinas para entender y generar lenguaje humano, facilitando la interacción con los usuarios. |
| Visión por computadora | Permite a los sistemas interpretar y comprender imágenes y vídeos, realizando tareas como reconocimiento de objetos. |
| Redes neuronales | Modelos computacionales inspirados en el cerebro humano, que permiten el reconocimiento de patrones complejos. |
| Robótica | Integración de IA en sistemas robóticos que les permite interactuar con su entorno y realizar tareas físicas. |

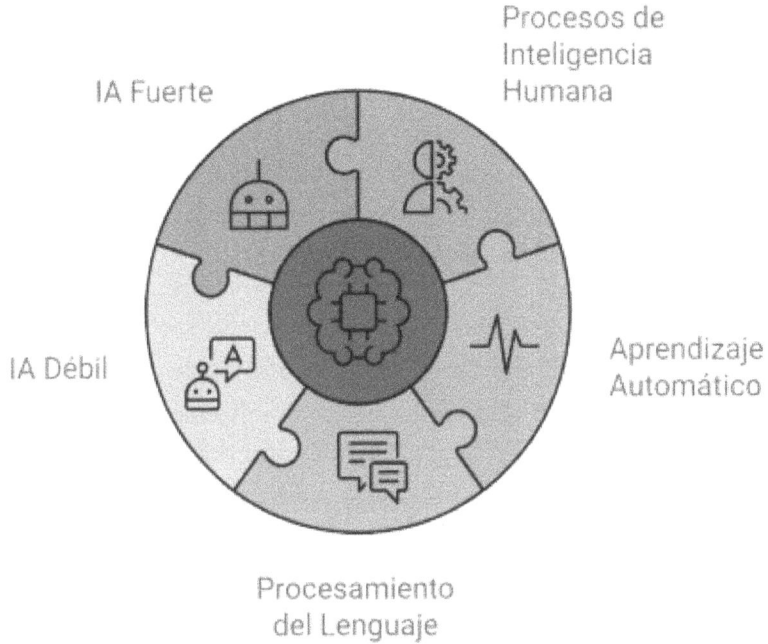

Componentes y Tipos de IA

## 1. Aprendizaje Automático (Machine Learning)

El aprendizaje automático es una subdisciplina de la IA que permite a las máquinas aprender a partir de datos. Utiliza algoritmos para identificar patrones y hacer predicciones sin ser programadas explícitamente para cada tarea. Existen tres tipos principales de aprendizaje automático:

- **Aprendizaje supervisado**: Se entrena a la máquina con un conjunto de datos etiquetados, donde se conocen las respuestas correctas.

El aprendizaje supervisado es uno de los enfoques más comunes en el campo de la inteligencia artificial, ya que permite a los modelos aprender a partir de ejemplos concretos. Durante este proceso, la máquina utiliza los datos etiquetados para identificar patrones y relaciones, lo que le permite hacer predicciones sobre datos no vistos.

Este método es especialmente efectivo en tareas como clasificación y regresión, donde se busca categorizar información o predecir valores continuos. Sin embargo, la calidad de los resultados depende en gran medida de la calidad y representatividad del conjunto de datos utilizados para el entrenamiento.

El aprendizaje supervisado requiere un esfuerzo significativo en la recopilación y etiquetado de datos, lo que puede ser un desafío en situaciones donde la información es escasa o difícil de obtener. A medida que avanzamos en el desarrollo de técnicas más sofisticadas, se están explorando alternativas como el aprendizaje semi-supervisado y el aprendizaje no supervisado para abordar estas limitaciones

- **Aprendizaje no supervisado**: La máquina encuentra patrones y relaciones en datos no etiquetados.

El aprendizaje no supervisado es una técnica poderosa en inteligencia artificial que permite a los algoritmos explorar y analizar conjuntos de datos sin la necesidad de etiquetas o respuestas predefinidas. A través de este enfoque, la máquina identifica estructuras ocultas, agrupando datos similares en clústeres o reduciendo la dimensionalidad para facilitar la visualización y el análisis.

Esto es particularmente útil en situaciones donde la recopilación de datos etiquetados es costosa o impracticable, como en el análisis de grandes volúmenes de información en tiempo real. Las aplicaciones del aprendizaje no supervisado incluyen la segmentación de clientes en marketing, la detección de anomalías en sistemas de seguridad y la organización automática de información en bases de datos.

Sin embargo, uno de los desafíos clave es interpretar los resultados obtenidos, ya que la falta de etiquetas puede dificultar la validación y comprensión de los patrones descubiertos. A medida que se desarrollan nuevas técnicas y herramientas, el aprendizaje no supervisado sigue ganando relevancia en el análisis de datos complejos y en la generación de insights valiosos.

- **Aprendizaje por refuerzo**: La máquina aprende a tomar decisiones a través de prueba y error, recibiendo recompensas o penalizaciones.

El aprendizaje por refuerzo es un enfoque fascinante que imita el proceso de aprendizaje humano y animal, donde las decisiones se refinan a través de la experiencia. En este modelo, un agente interactúa con un entorno y toma acciones que pueden resultar en recompensas positivas o penalizaciones negativas, lo que le permite ajustar su estrategia para maximizar la recompensa acumulada a lo largo del tiempo.

Este tipo de aprendizaje es especialmente útil en escenarios dinámicos y complejos, como en la robótica, los videojuegos y la optimización de sistemas, donde el entorno puede cambiar constantemente. A diferencia de otros métodos de aprendizaje, el aprendizaje por refuerzo no requiere un conjunto de datos etiquetados; en su lugar, el agente aprende a través de la exploración y explotación de sus acciones.

Sin embargo, uno de los desafíos es encontrar un equilibrio adecuado entre explorar nuevas estrategias y explotar las que ya se han demostrado efectivas. Con el avance de algoritmos como Q-learning y redes neuronales profundas, el aprendizaje por refuerzo está abriendo nuevas fronteras en la inteligencia artificial, permitiendo a las máquinas resolver problemas complejos que antes parecían inalcanzables.

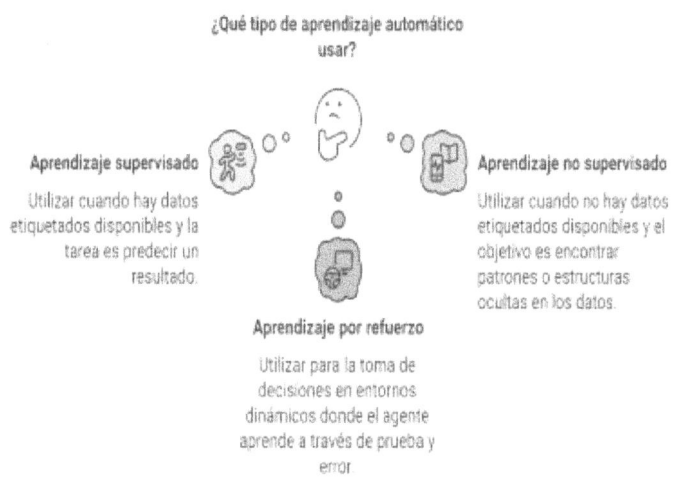

## 2. Procesamiento del Lenguaje Natural (NLP)

El procesamiento del lenguaje natural es un área de la IA que se ocupa de la interacción entre computadoras y humanos a través del lenguaje. Permite a las máquinas comprender, interpretar y generar lenguaje humano. Aplicaciones de NLP incluyen traducción automática y análisis de sentimientos en redes sociales.

El NLP no solo se limita a la comprensión y generación de texto, sino que también abarca una variedad de técnicas avanzadas que permiten a las máquinas captar matices y contextos en la comunicación humana. Por ejemplo, el análisis de sentimientos va más allá de identificar palabras positivas o negativas; implica entender el tono y la intención detrás de un mensaje, lo que puede ser crucial para las empresas que buscan medir la satisfacción del cliente o gestionar su reputación en línea.

El NLP incluye tareas como el reconocimiento de voz, que permite a los usuarios interactuar con dispositivos mediante comandos hablados, y la extracción de información, que ayuda a las organizaciones a obtener insights valiosos de grandes volúmenes de datos textuales. A medida que se desarrollan modelos más atractivos, como los basados en transformadores y aprendizaje profundo, las capacidades de NLP continúan expandiéndose, ofreciendo oportunidades emocionantes para mejorar la comunicación entre humanos y máquinas en diversas industrias, desde la atención médica hasta la educación y el entretenimiento.

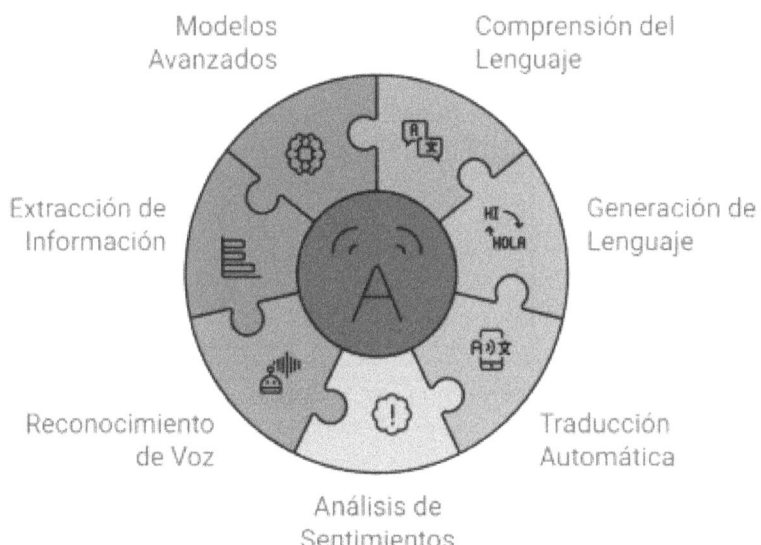

### 3. Visión por computadora

La visión por computadora, también conocida como visión artificial, es un campo de la inteligencia artificial que se centra en la capacidad de las máquinas para interpretar y comprender imágenes y vídeos del mundo real. Este proceso implica la adquisición, procesamiento y análisis de datos visuales, permitiendo a los sistemas extraer información útil y tomar decisiones basadas en esa información. Las aplicaciones de la visión por computadora son vastas e incluyen desde el reconocimiento de objetos y la detección de anomalías hasta la reconstrucción de modelos 3D y el análisis de emociones a partir de expresiones faciales. Utilizando técnicas avanzadas como el aprendizaje automático y algoritmos específicos, estos sistemas pueden identificar patrones complejos y realizar tareas que normalmente requerirían intervención humana. Se ha convertido en una herramienta esencial en diversas industrias, incluyendo la fabricación, la seguridad, la atención médica y el entretenimiento, transformando la forma en que interactuamos con el entorno digital y físico.

Aplicaciones de Visión por Computadora

## 4. Redes Neuronales

Las redes neuronales son estructuras computacionales inspiradas en el cerebro humano. Consisten en capas de nodos (neuronas) que procesan información y pueden aprender a reconocer patrones complejos. Las redes neuronales profundas, que contienen muchas capas, son particularmente efectivas para tareas como el reconocimiento de imágenes y el procesamiento del lenguaje natural.

Las redes neuronales profundas, o deep learning, han revolucionado el campo de la inteligencia artificial al permitir que las máquinas realicen tareas que antes eran consideradas extremadamente desafiantes. Estas redes, compuestas por múltiples capas de neuronas interconectadas, son capaces de extraer características jerárquicas de los datos, lo que les permite identificar patrones sutiles y complejos en grandes volúmenes de información. Por ejemplo, en el reconocimiento de imágenes, las capas iniciales pueden detectar bordes y texturas, mientras que las capas más profundas pueden identificar objetos completos y sus contextos.

La capacidad de estas redes para aprender de manera autónoma a partir de grandes conjuntos de datos ha llevado a avances significativos en áreas como la traducción automática, la generación de texto y la creación de contenido multimedia. Sin embargo, el entrenamiento de estas redes requiere recursos computacionales significativos y una gran cantidad de datos etiquetados, lo que plantea desafíos en términos de accesibilidad y sostenibilidad. A medida que la investigación avanza, se están explorando nuevas arquitecturas y técnicas para hacer que las redes neuronales sean más eficientes y efectivas en una variedad aún mayor de aplicaciones.

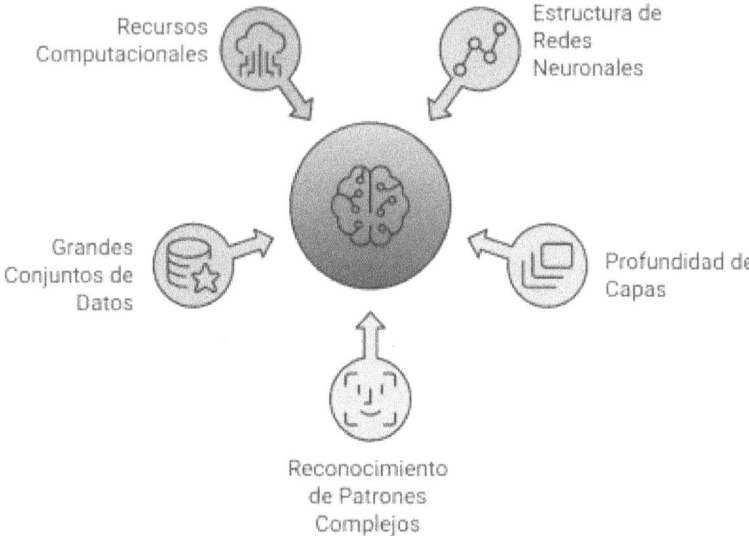

## 5. Robótica

La robótica es un campo multidisciplinario que combina diversas áreas de la ingeniería y la tecnología para diseñar y construir máquinas capaces de realizar tareas de manera autónoma o semiautónoma. Estas máquinas, conocidas como robots, pueden ser programadas para llevar a cabo una amplia gama de funciones, desde el ensamblaje en fábricas hasta la cirugía en hospitales. En la actualidad, la robótica se utiliza en sectores como la fabricación, donde los robots industriales mejoran la eficiencia y precisión de los procesos productivos, y en el ámbito sanitario, facilitando procedimientos quirúrgicos complejos con mayor exactitud y menor riesgo para los pacientes.

## Conclusión

La inteligencia artificial es un campo dinámico y en constante evolución que tiene el potencial de transformar casi todos los aspectos de nuestras vidas. Al comprender sus fundamentos y sus diversas aplicaciones, podemos empezar a apreciar tanto sus beneficios como sus desafíos. En los siguientes capítulos, exploraremos cómo la IA está impactando sectores clave y qué implicaciones tiene para el futuro de la humanidad.

A medida que la inteligencia artificial continúa avanzando, su integración en sectores como la salud, la educación, la industria y el transporte promete revolucionar la forma en que interactuamos con el mundo. Por ejemplo, en la atención médica, la IA está mejorando el diagnóstico y el tratamiento de enfermedades a través de análisis de datos masivos y algoritmos predictivos. En la educación, personaliza el aprendizaje al adaptar los contenidos a las necesidades individuales de los estudiantes.

Sin embargo, junto con estas oportunidades surgen desafíos importantes, como la privacidad de los datos, la seguridad y el riesgo de sesgos en los algoritmos. Es esencial que, al explorar estas aplicaciones, también consideremos las implicaciones éticas y sociales que acompañan a la adopción de tecnologías basadas en IA. Solo a través de un enfoque equilibrado y consciente podremos maximizar los beneficios de la inteligencia artificial mientras mitigamos sus riesgos, garantizando un futuro donde la tecnología sirva al bienestar colectivo.

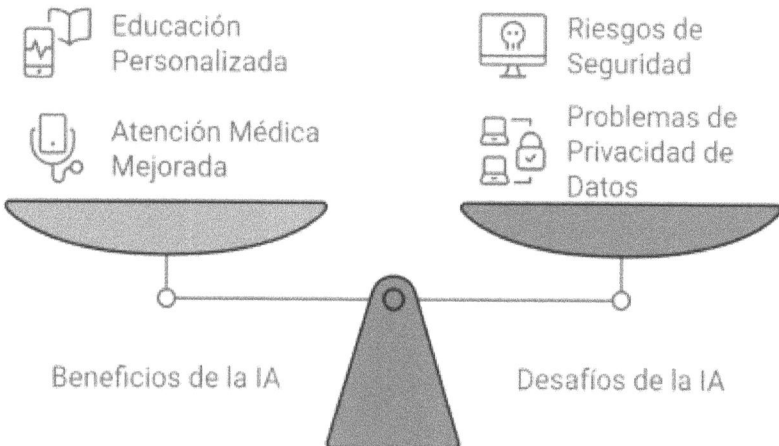

Equilibrando los beneficios y desafíos de la IA para un futuro mejor.

# Capítulo 2: Evolución de la IA

La historia de la inteligencia artificial (IA) es un fascinante viaje a través de la innovación, la creatividad y, a menudo, la controversia. Desde sus humildes comienzos hasta su estado actual como una de las tecnologías más disruptivas del siglo XXI, la evolución de la IA ha sido impulsada por avances científicos, cambios en la percepción pública y el desarrollo de nuevas metodologías. En este capítulo, examinaremos los hitos más significativos en la historia de la IA, las fases de su desarrollo y las tendencias actuales que están moldeando su futuro.

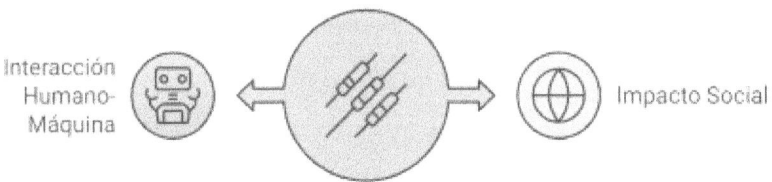

## Los Primeros Años: Conceptos y Teoría

**Década de 1950: Los Pioneros de la IA**

El término "inteligencia artificial" fue acuñado en 1956 durante la Conferencia de Dartmouth, un evento que reunió a algunos de los más grandes pensadores de la época, incluidos John McCarthy, Marvin Minsky, Nathaniel Rochester y Claude Shannon. En esta conferencia se sentaron las bases teóricas de la IA, donde se discutieron conceptos como el razonamiento lógico y la simulación de procesos cognitivos.

**Hitos Clave:**

- **1950**: Alan Turing publica "Computing Machinery and Intelligence", introduciendo la prueba de Turing como un criterio para medir la inteligencia de una máquina.

- **1956**: Conferencia de Dartmouth, se establece oficialmente el campo de la IA.

## Década de 1960: El Optimismo Inicial

Durante los años 60, la IA experimentó un crecimiento significativo, con la creación de programas que podían resolver problemas matemáticos y jugar juegos como el ajedrez. Se desarrollaron los primeros lenguajes de programación para IA, como LISP, que facilitó la investigación en este campo.

**Hitos Clave:**

- **1965**: Joseph Weizenbaum crea ELIZA, un programa que simula una conversación humana, mostrando el potencial del procesamiento del lenguaje natural.

**Los Inviernos de la IA**
**Décadas de 1970 y 1980: Desilusión y Estancamiento**

A pesar de los avances iniciales, la IA se enfrentó a grandes desafíos en las décadas de 1970 y 1980, periodos conocidos como los "inviernos de la IA". Durante estos años, las expectativas superaron la realidad, y muchos proyectos fracasaron en cumplir con las promesas de los financistas y la comunidad científica.

**Causas del Estancamiento:**

- Limitaciones en el hardware y la potencia de procesamiento.
- Falta de avances significativos en algoritmos de aprendizaje.
- La complejidad de los problemas que la IA intentaba resolver.

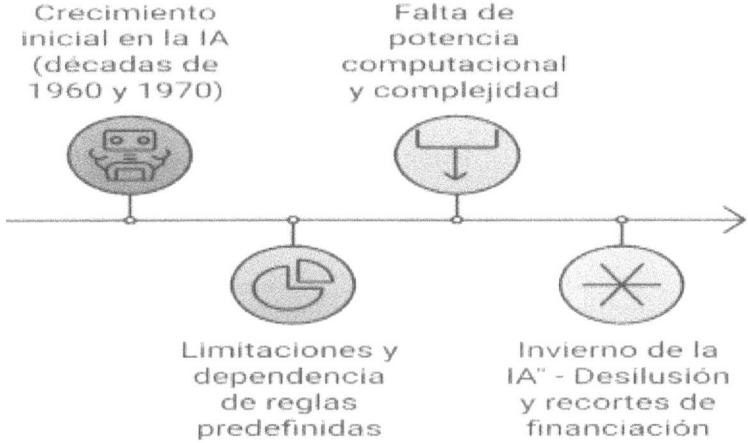

## Década de 1990: Renacimiento de la IA

A finales de los años 80 y principios de los 90, la IA comenzó a revivir con la introducción de nuevos enfoques, como las redes neuronales y el aprendizaje automático. Estas técnicas permitieron a las máquinas aprender de los datos y adaptarse a nuevas situaciones.

**Hitos Clave:**

- **1997**: Deep Blue, un programa de ajedrez desarrollado por IBM, derrota al campeón mundial Garry Kasparov, marcando un hito en la capacidad de la IA para competir en tareas complejas.

## La Era Moderna de la IA

**Década de 2000: La Explosión de Datos**

Con la llegada de la era digital, la disponibilidad de grandes volúmenes de datos y el aumento de la potencia computacional impulsaron el desarrollo de la IA a nuevas alturas. Los avances en algoritmos de aprendizaje profundo, que utilizan redes neuronales con múltiples capas, revolucionaron el campo.

**Hitos Clave:**

- **2012**: Un equipo de investigadores de la Universidad de Toronto utiliza redes neuronales profundas para ganar un concurso de reconocimiento de imágenes, generando un interés renovado en el aprendizaje profundo.

**Década de 2010: IA en el Mundo Real**

En los últimos años, la IA ha encontrado aplicaciones en diversas industrias, desde la atención médica hasta el transporte y el entretenimiento. Asistentes virtuales, sistemas de recomendación y vehículos autónomos son solo algunos ejemplos de cómo la IA está integrándose en nuestra vida diaria.

**Tendencias Actuales:**

- **IA en Salud**: Diagnósticos asistidos por IA y tratamientos personalizados.
- **IA en Transporte**: Desarrollo de vehículos autónomos y optimización logística.

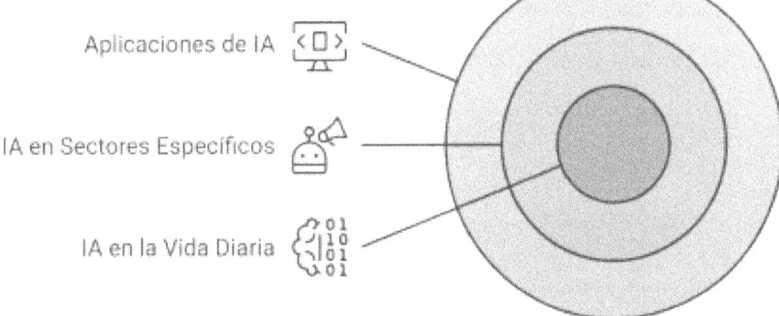

# El Futuro de la IA

**Tendencias Emergentes**

La evolución de la IA continúa, y varias tendencias emergentes están configurando su futuro:

- **IA Explicable**: La necesidad de entender cómo y por qué las IA toman decisiones se vuelve crucial, especialmente en aplicaciones sensibles como la justicia penal y la atención médica.

- **IA Colaborativa:** Sistemas que trabajan junto a humanos, potenciando nuestras capacidades en lugar de reemplazarlas.
- **Ética en IA:** Creciente interés en desarrollar prácticas éticas y responsables en la creación y uso de tecnologías de IA.

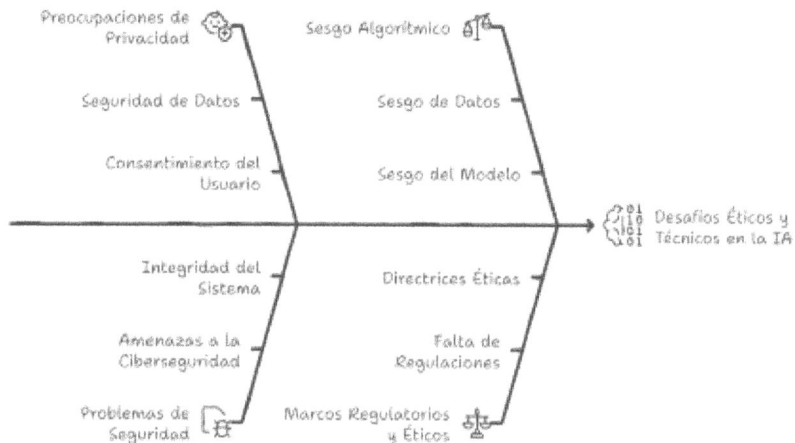

## Conclusión

La evolución de la inteligencia artificial ha sido un viaje fascinante, lleno de altibajos. Desde sus inicios teóricos hasta su integración en la vida cotidiana, la IA ha recorrido un largo camino y sigue evolucionando rápidamente. Comprender esta historia es esencial para apreciar su impacto en nuestras vidas y prepararnos para un futuro en el que la IA jugará un papel aún más central. En los próximos capítulos, exploraremos cómo estas tecnologías están transformando sectores específicos y las implicaciones que tienen para la humanidad.

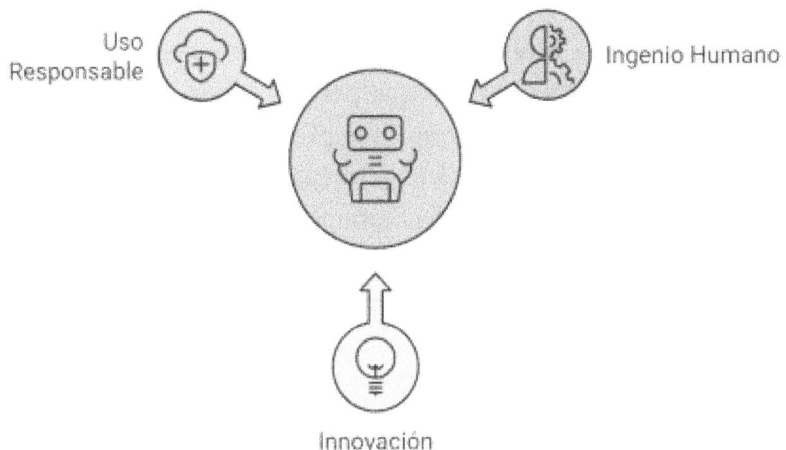

# Capítulo 3: Cómo Funciona la IA

La inteligencia artificial (IA) ha pasado de ser un concepto teórico a una herramienta práctica que potencia diversas aplicaciones en la vida cotidiana. Para entender su impacto, es fundamental conocer los principios y tecnologías que permiten que la IA funcione. En este capítulo, exploraremos los componentes esenciales de la IA, centrándonos en el aprendizaje automático, las redes neuronales, el procesamiento del lenguaje natural y otros elementos clave.

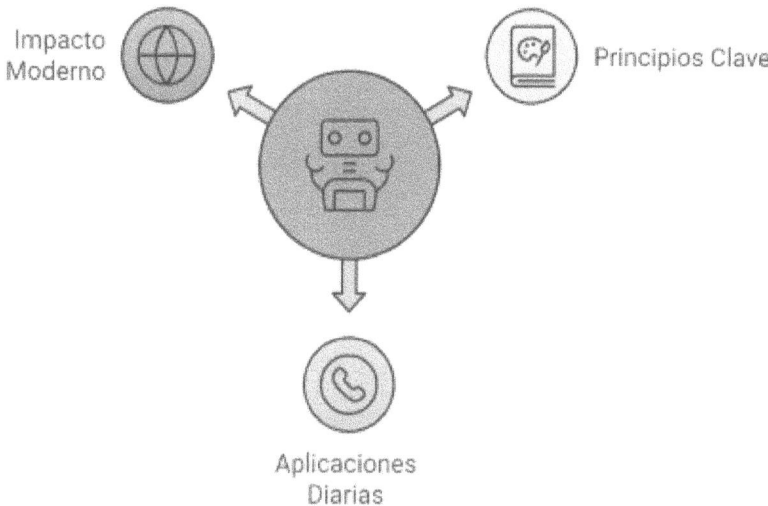

## 1. Aprendizaje Automático (Machine Learning)

El aprendizaje automático es una de las subdisciplinas más importantes de la IA. Se basa en la idea de que las máquinas pueden aprender de los datos, identificar patrones y tomar decisiones sin ser programadas explícitamente para cada tarea. A continuación, se presentan los tipos principales de aprendizaje automático:

**a. Aprendizaje Supervisado**

En el aprendizaje supervisado, se entrena a la máquina con un conjunto de datos que incluye ejemplos de entrada y su correspondiente salida esperada. El objetivo es que el modelo aprenda a mapear las entradas a las salidas correctas.

**Ejemplo**: En un sistema de clasificación de correos electrónicos, se le proporcionan ejemplos de correos clasificados como "spam" o "no spam". El modelo aprende a identificar características que indican a qué categoría pertenece un nuevo correo.

**b. Aprendizaje No Supervisado**

En este enfoque, la máquina trabaja con datos no etiquetados y busca patrones o agrupaciones en los datos. No se le proporcionan ejemplos de salida, lo que significa que el modelo debe descubrir estructuras subyacentes por sí mismo.

**Ejemplo**: Un algoritmo de agrupamiento puede analizar datos de clientes y segmentarlos en grupos basados en comportamientos de compra similares, sin saber de antemano cuántos grupos existen.

**c. Aprendizaje por Refuerzo**

El aprendizaje por refuerzo se basa en el principio de prueba y error. Un agente (la IA) interactúa con un entorno y recibe recompensas o penalizaciones en función de sus acciones. El objetivo es maximizar la recompensa a lo largo del tiempo.

**Ejemplo**: Los algoritmos de aprendizaje por refuerzo son utilizados en juegos como el ajedrez y Go, donde la IA aprende a jugar mejor a medida que juega más partidas y recibe retroalimentación sobre sus decisiones.

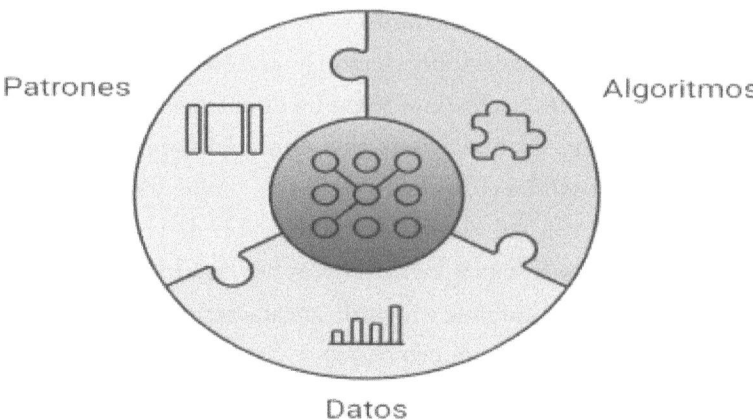

Componentes del Aprendizaje Automático

## 2. Redes Neuronales

Las redes neuronales son estructuras computacionales inspiradas en el funcionamiento del cerebro humano. Consisten en capas de nodos (neuronas) conectadas entre sí, donde cada conexión tiene un peso que se ajusta durante el proceso de aprendizaje.

### a. Estructura de una Red Neuronal

- **Capa de Entrada**: Recibe los datos de entrada.
- **Capas Ocultas**: Procesan la información a través de múltiples niveles de transformación. Cuantas más capas ocultas tenga una red, más profunda será, lo que da lugar al término "aprendizaje profundo".
- **Capa de Salida**: Produce la predicción o clasificación final.

### b. Proceso de Aprendizaje

El aprendizaje en redes neuronales se lleva a cabo a través de un proceso llamado retropropagación. Durante este proceso, la red ajusta los pesos de las conexiones en función del error en sus predicciones.

Este ajuste se realiza mediante algoritmos de optimización, como el descenso del gradiente.

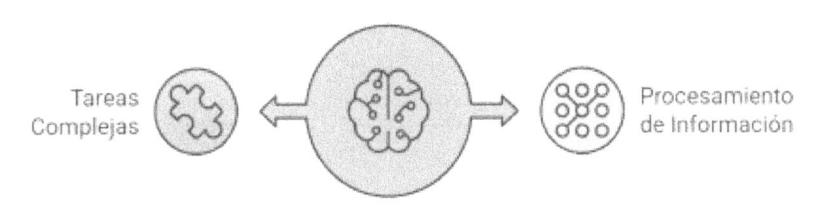

## 3. Procesamiento del Lenguaje Natural (NLP)

El procesamiento del lenguaje natural es una rama de la IA que se ocupa de la interacción entre computadoras y humanos a través del lenguaje. Permite a las máquinas comprender, interpretar y generar lenguaje humano de manera significativa.

### a. Tareas Comunes en NLP

- **Análisis de Sentimientos**: Determinar la polaridad (positiva, negativa o neutral) de un texto.
- **Traducción Automática**: Convertir texto de un idioma a otro utilizando modelos de aprendizaje profundo.
- **Generación de Texto**: Crear texto coherente a partir de un conjunto de datos o instrucciones, como en el caso de chatbots o asistentes virtuales.

### b. Técnicas Utilizadas

- **Tokenización**: Dividir el texto en palabras o frases.
- **Embeddings**: Representar palabras como vectores en un espacio multidimensional, donde las relaciones semánticas pueden ser capturadas.
- **Modelos de Lenguaje**: Utilizar redes neuronales para

predecir la siguiente palabra en una secuencia de texto o generar texto coherente.

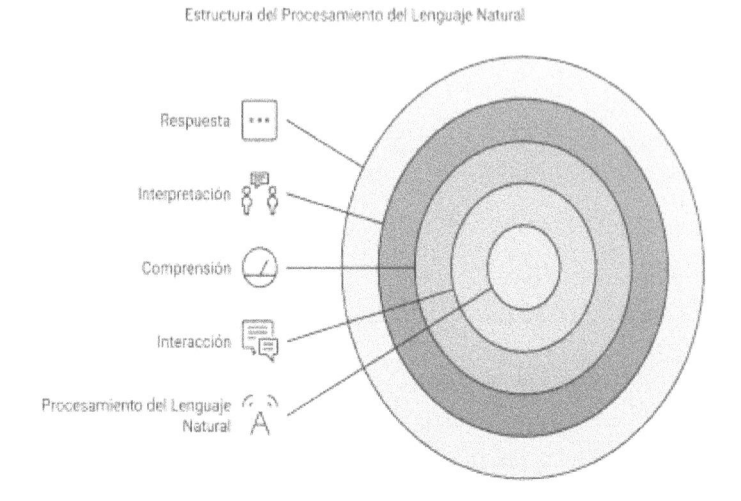

*Estructura del Procesamiento del Lenguaje Natural*

- Respuesta
- Interpretación
- Comprensión
- Interacción
- Procesamiento del Lenguaje Natural

## 4. Visión por Computadora

La visión por computadora es otra área clave de la IA que permite a las máquinas interpretar y entender el contenido visual del mundo. Esto incluye el reconocimiento de imágenes, la detección de objetos y la segmentación de imágenes.

### a. Aplicaciones

- **Reconocimiento Facial**: Identificación de rostros en imágenes y videos.
- **Análisis de Imágenes Médicas**: Ayuda en el diagnóstico de enfermedades mediante el análisis de radiografías y resonancias magnéticas.
- **Vehículos Autónomos**: Utilizan cámaras y sensores para reconocer y reaccionar ante su entorno.

## b. Técnicas Utilizadas

Visión por Computadora

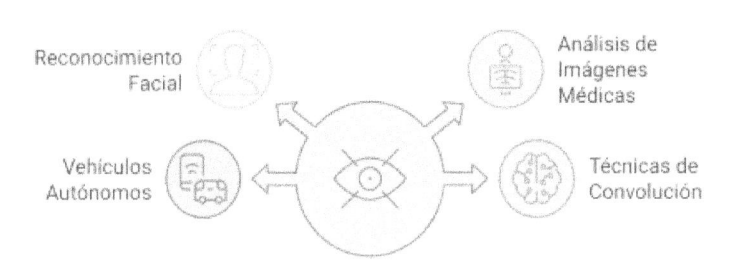

- Reconocimiento Facial
- Vehículos Autónomos
- Análisis de Imágenes Médicas
- Técnicas de Convolución

- **Convolución:** Las redes neuronales convolucionales (CNN) son especialmente efectivas para el reconocimiento de imágenes, utilizando capas de convolución para extraer características espaciales de las imágenes.

## 5. Integración y Aplicaciones Prácticas

La verdadera magia de la IA se revela cuando se integran estos componentes para crear sistemas complejos que pueden realizar tareas diversas. Desde asistentes virtuales que responden preguntas hasta sistemas de recomendación que personalizan la experiencia del usuario, la IA está en el corazón de muchas innovaciones actuales.

Garantizando el Desarrollo Responsable de la IA

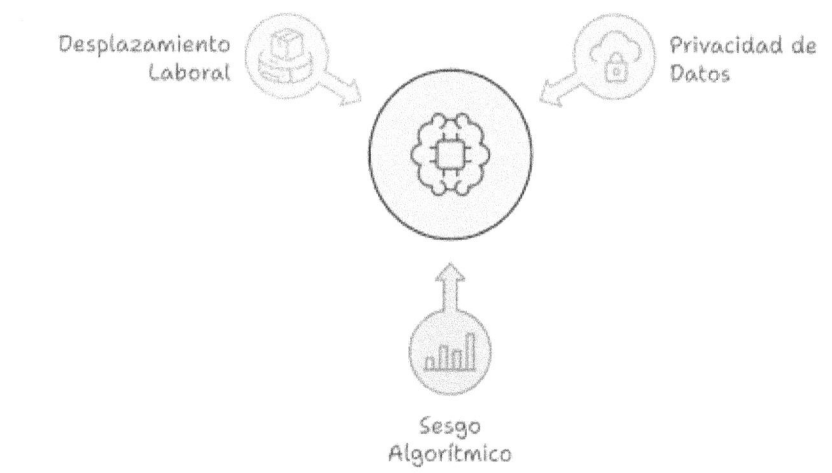

Desplazamiento Laboral

Privacidad de Datos

Sesgo Algorítmico

## Conclusión

La inteligencia artificial es un campo multidimensional que combina diversas técnicas y enfoques para resolver problemas complejos. Comprender cómo funciona la IA no solo nos ayuda a apreciar su potencial, sino que también nos prepara para enfrentar los desafíos y oportunidades que presenta. En los próximos capítulos, exploraremos cómo estas tecnologías están impactando sectores específicos y transformando nuestras vidas de maneras sorprendentes.

La IA está transformando nuestra sociedad de maneras que apenas comenzamos a comprender. Al conocer cómo funciona la IA y sus aplicaciones, podemos prepararnos mejor para un futuro donde esta tecnología jugará un papel aún más central en nuestras vidas. La educación y la reflexión crítica sobre la IA son esenciales para aprovechar sus beneficios mientras se mitigan sus riesgos.

Impacto de la IA en la sociedad

| Pros | vs | Contras |
|---|---|---|
| Potencial transformador | | Riesgos y desafíos |
| Capacidades de resolución de problemas | | Consideraciones éticas |
| Impactos específicos por sector | | Necesidad de reflexión crítica |
| Integración futura | | Preparación requerida |
| Beneficios educativos | | Potencial de uso indebido |

# Capítulo 4: IA en el Trabajo

La inteligencia artificial (IA) está cambiando drásticamente el panorama laboral en todo el mundo. Desde la automatización de tareas rutinarias hasta la mejora de la toma de decisiones, la IA está redefiniendo lo que significa trabajar en la era digital. En este capítulo, exploraremos cómo la IA está impactando el lugar de trabajo, los beneficios que ofrece, los desafíos que presenta y cómo los empleados y empleadores pueden adaptarse a esta nueva realidad.

El Impacto de la Inteligencia Artificial en la Fuerza Laboral

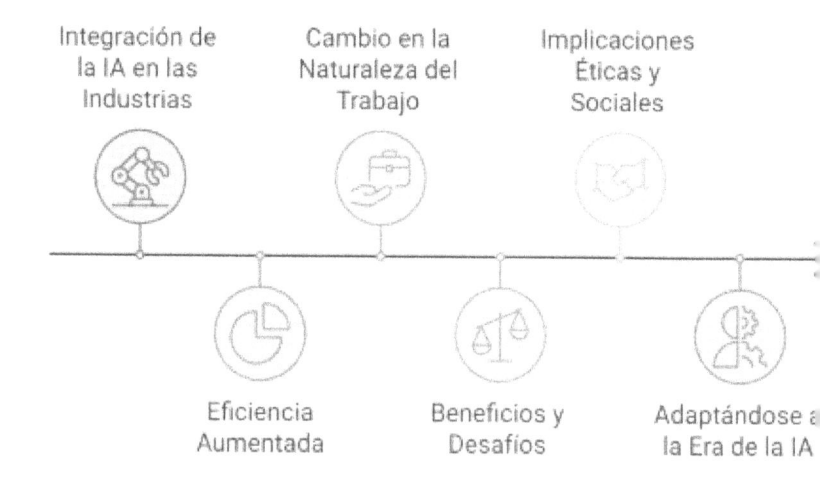

| Integración de la IA en las Industrias | Cambio en la Naturaleza del Trabajo | Implicaciones Éticas y Sociales |
|---|---|---|
| Eficiencia Aumentada | Beneficios y Desafíos | Adaptándose a la Era de la IA |

## 1. Automatización de Tareas

Una de las aplicaciones más visibles de la IA en el trabajo es la automatización de tareas repetitivas y rutinarias. Esto permite a los empleados concentrarse en actividades de mayor valor añadido, mejorando la productividad y la satisfacción laboral.

**a. Ejemplos de Automatización**

- **Atención al Cliente**: Los chatbots impulsados por IA pueden manejar consultas básicas, resolver problemas comunes y proporcionar asistencia 24/7, liberando a los agentes humanos para que se ocupen de casos más complejos.
- **Procesamiento de Datos**: Herramientas de IA pueden analizar grandes volúmenes de datos, identificar patrones y generar informes, reduciendo el tiempo que los empleados dedican a tareas manuales.
- **Manufactura**: En fábricas, la robótica y la IA se utilizan para automatizar líneas de producción, mejorar la eficiencia y reducir errores.

Beneficios de la IA en el Trabajo

Alto Impacto

| Aumento de la Productividad | Mejora en la Toma de Decisiones |
|---|---|
| Personalización del Servicio | Reducción de Errores |

Baja Complejidad ← → Alta Complejidad

Bajo Impacto

## 2. Mejora de la Toma de Decisiones

La IA no solo automatiza tareas, sino que también mejora la calidad de la toma de decisiones al proporcionar análisis de datos más profundos y precisos. Esto permite a las empresas responder de manera más ágil a las condiciones del mercado y a las necesidades del cliente.

### a. Análisis Predictivo

Las herramientas de análisis predictivo utilizan algoritmos de IA para analizar datos históricos y prever tendencias futuras. Esto es especialmente útil en campos como:

- **Marketing**: Las empresas pueden anticipar las preferencias del consumidor y adaptar sus estrategias en consecuencia.
- **Gestión de Inventarios**: La IA puede predecir la demanda de productos, optimizando el stock y reduciendo costos.
- **Recursos Humanos**: Los sistemas de IA pueden ayudar a identificar candidatos potenciales y predecir su rendimiento laboral, mejorando así el proceso de contratación.

## Ciclo de Mejora Continua de la IA en el Lugar de Trabajo

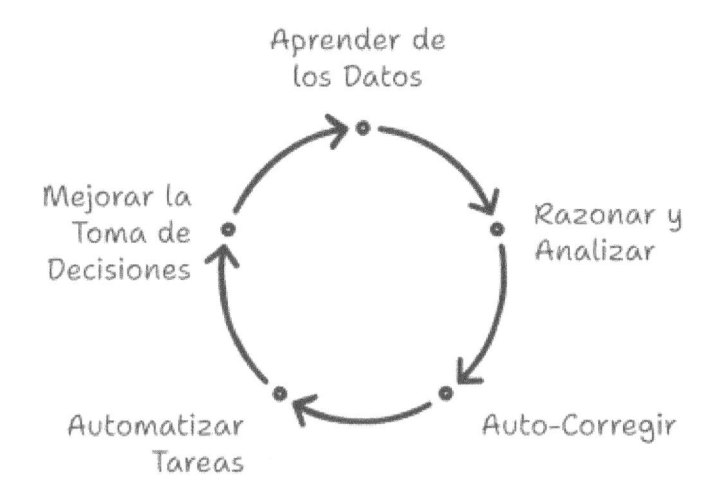

- Aprender de los Datos
- Razonar y Analizar
- Auto-Corregir
- Automatizar Tareas
- Mejorar la Toma de Decisiones

## 3. Nuevas Oportunidades Laborales

A medida que la IA automatiza ciertas funciones, también crea nuevas oportunidades laborales en áreas que requieren habilidades humanas. La demanda de profesionales en campos como la ciencia de datos, la ingeniería de IA y la ética en tecnología está en aumento.

### a. Roles Emergentes

- **Científicos de Datos**: Encargados de analizar y extraer información valiosa de grandes conjuntos de datos.
- **Ingenieros de IA**: Desarrollan y mantienen sistemas de IA, asegurando su eficacia y eficiencia.
- **Especialistas en Ética de IA**: Evaluar y mitigar los riesgos éticos asociados con el uso de la IA en diversas aplicaciones.

*Desafíos de la IA en el Trabajo*

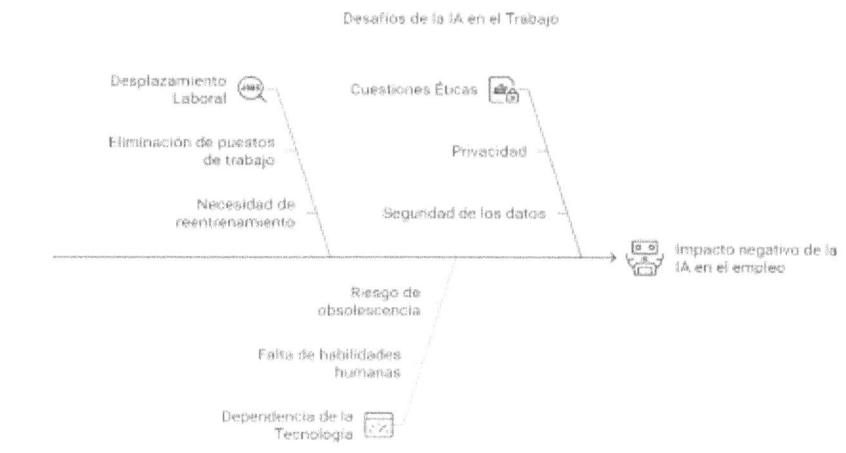

- Desplazamiento Laboral
- Eliminación de puestos de trabajo
- Necesidad de reentrenamiento
- Riesgo de obsolescencia
- Falta de habilidades humanas
- Dependencia de la Tecnología
- Cuestiones Éticas
- Privacidad
- Seguridad de los datos

→ Impacto negativo de la IA en el empleo

## 4. Desafíos y Consideraciones

A pesar de las ventajas que ofrece la IA en el trabajo, también presenta desafíos significativos que las organizaciones deben abordar.

**a. Desplazamiento Laboral**

Uno de los mayores temores respecto a la IA es el potencial desplazamiento de trabajadores. Según algunas estimaciones, millones de empleos podrían verse amenazados por la automatización. Es crucial que las empresas y los gobiernos implementen programas de reentrenamiento y educación para equipar a los trabajadores con las habilidades necesarias para nuevas funciones.

**b. Sesgo Algorítmico**

Los sistemas de IA pueden perpetuar sesgos existentes si se entrenan con datos que reflejan desigualdades. Esto puede afectar negativamente a la diversidad y la inclusión en el lugar de trabajo, y es una preocupación que las organizaciones deben tomar en serio.

**c. Privacidad y Seguridad**

La recopilación y análisis de datos por parte de sistemas de IA plantea preocupaciones sobre la privacidad y la seguridad de la información. Las organizaciones deben establecer políticas claras y transparentes sobre el uso de datos para mantener la confianza de los empleados y los clientes.

**Impacto de la IA en el lugar de trabajo**

- Necesidad de formación de empleados
- Nuevas herramientas de IA
- Aprendizaje continuo
- Profundización del impacto de la IA en el trabajo
- Implicaciones sociales
- Desafíos éticos
- Desarrollo de políticas (GDPR)

## 5. Adaptación a la IA en el Trabajo

Para aprovechar al máximo las oportunidades que ofrece la IA, tanto empleados como empleadores deben adaptarse a esta nueva era.

**a. Capacitación y Educación Continua**

Los empleados deben estar dispuestos a aprender y adaptarse a nuevas tecnologías. Las empresas pueden facilitar esto mediante programas de capacitación que ayuden a los trabajadores a desarrollar habilidades relacionadas con la IA y la analítica de datos.

**b. Fomentar la Colaboración Humano-IA**

Las organizaciones deben fomentar un entorno en el que humanos y máquinas trabajen juntos. Esto implica redefinir roles y responsabilidades para maximizar la eficiencia y la creatividad.

**c. Cultivar una Cultura de Innovación**

Las empresas que adoptan una mentalidad innovadora y están abiertas a experimentar con la IA pueden identificar nuevas formas de mejorar sus operaciones y ofrecer valor a sus clientes.

¿Cómo abordar la transformación laboral impulsada por la inteligencia artificial?

Preparación y colaboración
Fomentar la formación en IA y promover la colaboración entre humanos y máquinas.

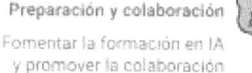

Resistencia y proteccionismo
Mantenerse al margen de la IA y proteger los empleos tradicionales.

# Conclusión

La inteligencia artificial está transformando el mundo del trabajo de maneras que apenas comenzamos a comprender. Si bien presenta desafíos, también ofrece oportunidades sin precedentes para mejorar la productividad, la toma de decisiones y crear nuevos roles laborales. Adaptarse a esta nueva realidad será crucial para que tanto empleados como empleadores prosperen en la era de la IA. En los siguientes capítulos, exploraremos el impacto de la IA en sectores específicos, como la salud, la educación y la vida cotidiana, y cómo estas transformaciones están moldeando nuestro futuro.

La inteligencia artificial está redefiniendo el panorama laboral, ofreciendo tanto oportunidades como desafíos. Es crucial que las organizaciones y los trabajadores se preparen para esta transformación, asegurando que la IA se utilice de manera responsable y ética para maximizar sus beneficios y minimizar sus riesgos. La colaboración entre humanos y máquinas puede llevar a un futuro laboral más innovador y eficiente.

## Transformación de la IA

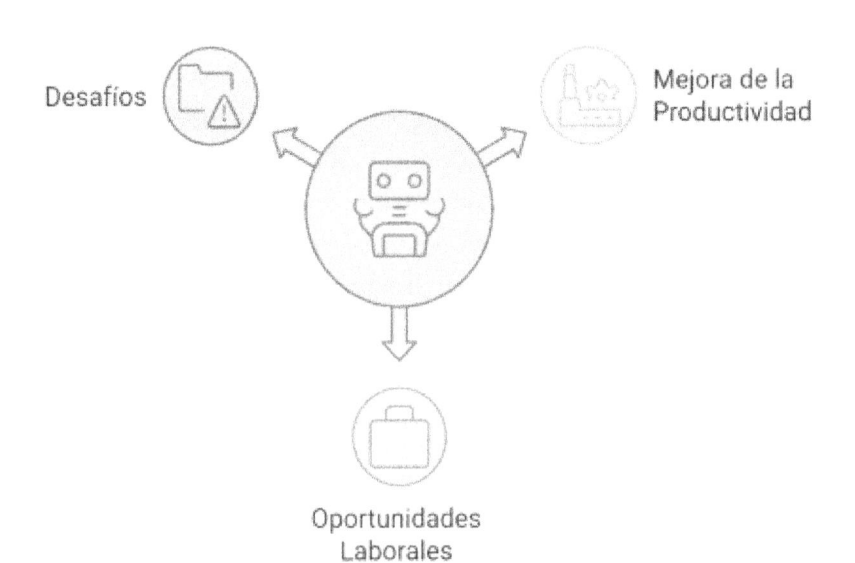

- Desafíos
- Mejora de la Productividad
- Oportunidades Laborales

# Capítulo 5: IA en la Salud

La inteligencia artificial (IA) está revolucionando el campo de la salud, ofreciendo nuevas herramientas y enfoques que mejoran la atención médica, optimizan los procesos y transforman la experiencia del paciente. Desde el diagnóstico temprano hasta la personalización de tratamientos, la IA tiene el potencial de cambiar la forma en que se brinda la atención médica. En este capítulo, exploraremos las aplicaciones de la IA en la salud, sus beneficios, desafíos y el futuro de la medicina impulsada por la IA.

IA en Aplicaciones de Salud

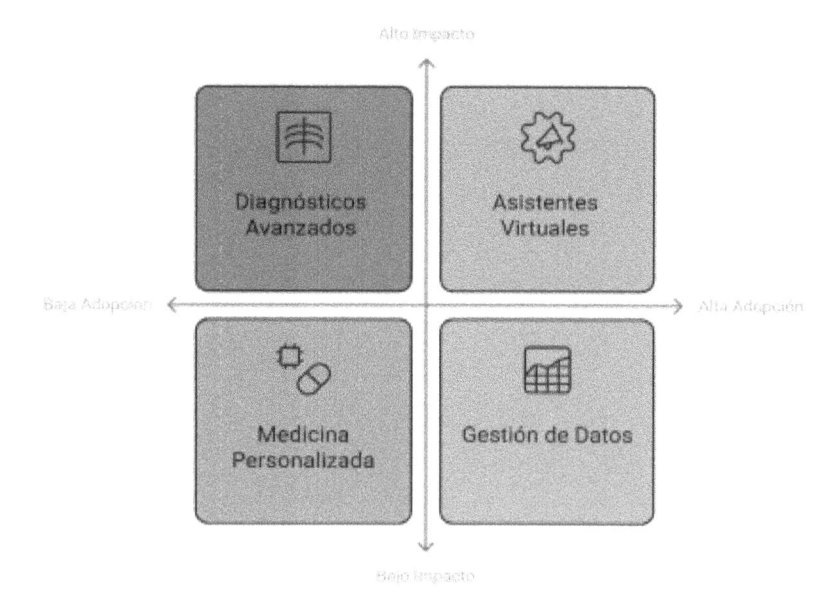

Alto Impacto

| Diagnósticos Avanzados | Asistentes Virtuales |
|---|---|
| Medicina Personalizada | Gestión de Datos |

Baja Adopción → Alta Adopción

Bajo Impacto

## 1. Diagnóstico Asistido por IA

Uno de los usos más prometedores de la IA en la salud es el diagnóstico asistido. Los sistemas de IA pueden analizar imágenes médicas, datos clínicos y otros tipos de información para ayudar a los médicos a identificar enfermedades de manera más rápida y precisa.

**a. Análisis de Imágenes Médicas**

Las redes neuronales convolucionales (CNN) se utilizan para interpretar imágenes de rayos X, resonancias magnéticas y tomografías computarizadas. Estas herramientas pueden detectar anomalías que podrían pasar desapercibidas para el ojo humano.

**Ejemplo**: Un estudio demostró que un modelo de IA podía detectar cáncer de mama en mamografías con una precisión comparable a la de radiólogos experimentados.

**b. Diagnóstico de Enfermedades**

Los sistemas de IA pueden analizar grandes volúmenes de datos clínicos para identificar patrones asociados con enfermedades específicas. Esto permite un diagnóstico más temprano y preciso.

**Ejemplo**: Algoritmos de aprendizaje automático pueden predecir el riesgo de enfermedades cardiovasculares al analizar factores de riesgo en pacientes, como historial médico y datos demográficos.

¿Deberíamos usar IA para analizar datos médicos?

Usar IA
La IA puede analizar grandes volúmenes de datos e identificar patrones que los humanos pueden pasar por alto.

No usar IA
La IA puede no ser tan precisa o confiable como los expertos humanos.

## 2. Personalización del Tratamiento

La IA también está transformando la forma en que se personalizan los tratamientos médicos. Al analizar los datos genéticos y clínicos de los pacientes, la IA puede ayudar a los médicos a diseñar planes de tratamiento más efectivos.

**a. Medicina Personalizada**

La medicina personalizada utiliza datos genéticos y biomarcadores para adaptar tratamientos a las características individuales de cada paciente. La IA facilita el análisis de estos datos, lo que permite a los médicos elegir las terapias más adecuadas.

**Ejemplo**: En oncología, la IA puede ayudar a identificar qué tratamientos son más efectivos para un tipo específico de cáncer en función del perfil genético del tumor.

**b. Farmacología y Desarrollo de Medicamentos**

La IA también está acelerando el proceso de descubrimiento y desarrollo de medicamentos. Los algoritmos pueden analizar compuestos químicos y predecir su efectividad y seguridad, reduciendo el tiempo y costo de desarrollo.

**Ejemplo**: Empresas farmacéuticas utilizan IA para identificar candidatos a fármacos mediante simulaciones computacionales, lo que permite realizar pruebas más rápidas y eficientes.

Tratamientos Personalizados

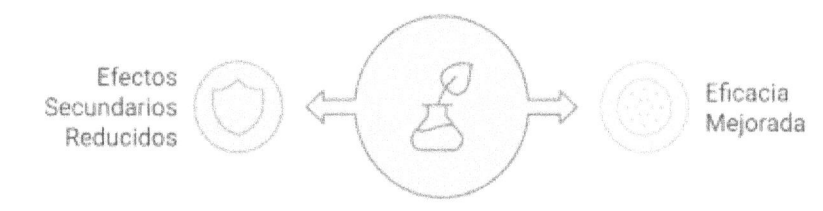

Efectos Secundarios Reducidos

Eficacia Mejorada

## 3. Monitoreo y Gestión de Pacientes

La IA puede mejorar el monitoreo de pacientes y la gestión de enfermedades crónicas, facilitando una atención más proactiva y centrada en el paciente.

**a. Dispositivos Wearables**

Los dispositivos portátiles equipados con tecnología de IA pueden rastrear datos de salud en tiempo real, como la frecuencia cardíaca, la actividad física y los niveles de glucosa. Esta información puede ser utilizada para alertar a los pacientes y a los profesionales de la salud sobre cambios preocupantes.

**Ejemplo**: Aplicaciones de IA pueden analizar datos de pacientes con diabetes y enviar alertas para ajustar la insulina o modificar la dieta en función de los niveles de glucosa.

### b. Telemedicina

La IA está impulsando el crecimiento de la telemedicina, donde los médicos pueden realizar consultas a distancia utilizando plataformas digitales. Los sistemas de IA pueden ayudar a triage y priorizar pacientes según la urgencia de sus necesidades.

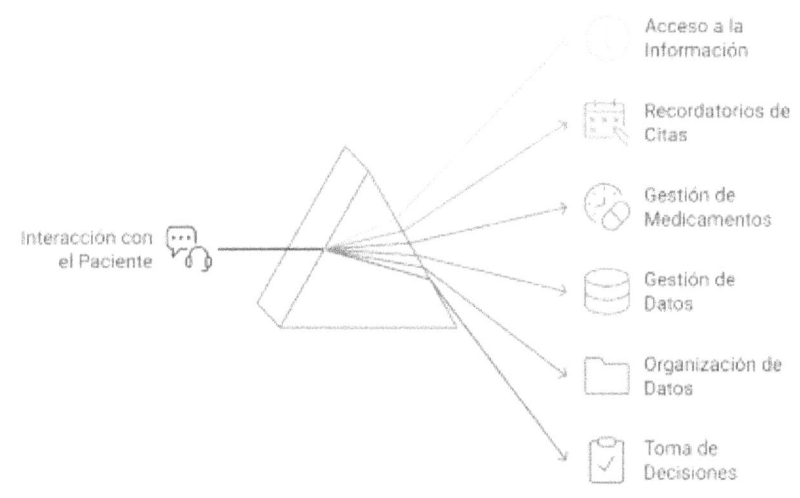

- Acceso a la Información
- Recordatorios de Citas
- Gestión de Medicamentos
- Gestión de Datos
- Organización de Datos
- Toma de Decisiones

Interacción con el Paciente

## 4. Desafíos y Consideraciones Éticas

A pesar de los beneficios que ofrece la IA en la salud, también plantea desafíos significativos que deben ser abordados.

### a. Privacidad de los Datos

El uso de IA en la salud implica el manejo de grandes volúmenes de datos personales, lo que suscita preocupaciones sobre la privacidad y la seguridad de la información del paciente. Es crucial establecer regulaciones adecuadas para proteger esta información.

**b. Sesgo Algorítmico**

Los sistemas de IA pueden perpetuar sesgos si se entrenan con datos que no representan adecuadamente a toda la población. Esto puede dar lugar a diagnósticos y tratamientos inadecuados para ciertos grupos demográficos.

**c. Aceptación por parte de los Profesionales de la Salud**

La integración de la IA en el entorno clínico requiere que los profesionales de la salud confíen en estas tecnologías. La formación y la educación son esenciales para asegurar que los médicos comprendan cómo utilizar la IA de manera efectiva y ética.

**Desafíos de la Integración de la IA en la Salud**

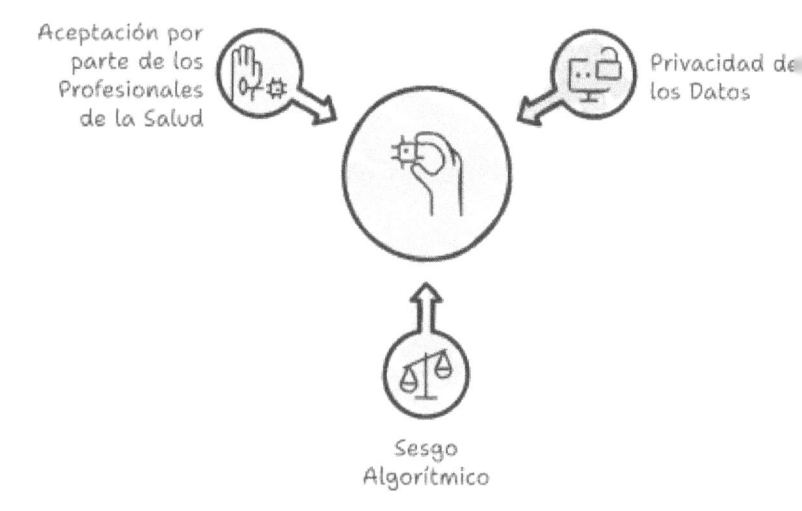

- Aceptación por parte de los Profesionales de la Salud
- Privacidad de los Datos
- Sesgo Algorítmico

## 5. El Futuro de la IA en la Salud

La IA tiene el potencial de continuar transformando la atención médica en los próximos años. Algunas tendencias futuras incluyen:

**a. Integración de la IA en la Práctica Clínica**

Se espera que la IA se integre cada vez más en la práctica clínica diaria, ayudando a los médicos en la toma de decisiones y el manejo de pacientes.

**b. Colaboración Interdisciplinaria**

La colaboración entre expertos en IA, médicos y otros profesionales de la salud será fundamental para desarrollar soluciones efectivas y éticas.

**c. Enfoque en la Salud Preventiva**

La IA puede permitir un enfoque más proactivo en la atención médica, centrándose en la prevención y el bienestar en lugar de solo en el tratamiento de enfermedades.

¿Adoptar o Precaución?

Adoptar la IA
Transformar la atención al paciente

Precaución con la IA
Abordar los desafíos éticos

# Conclusión

La inteligencia artificial está transformando el sector de la salud de maneras que van más allá de lo que se creía posible. Desde el diagnóstico asistido hasta la personalización de tratamientos, la IA está mejorando la calidad de la atención médica y optimizando los procesos. Sin embargo, es esencial abordar los desafíos éticos y de privacidad que surgen con su implementación. A medida que avanzamos en esta era de innovación, la colaboración y la educación serán claves para asegurar que la IA en la salud beneficie a todos. En los próximos capítulos, exploraremos cómo la IA está impactando otros sectores, como la educación y la vida cotidiana, y cómo estas transformaciones están moldeando nuestro futuro.

Transformación de la IA

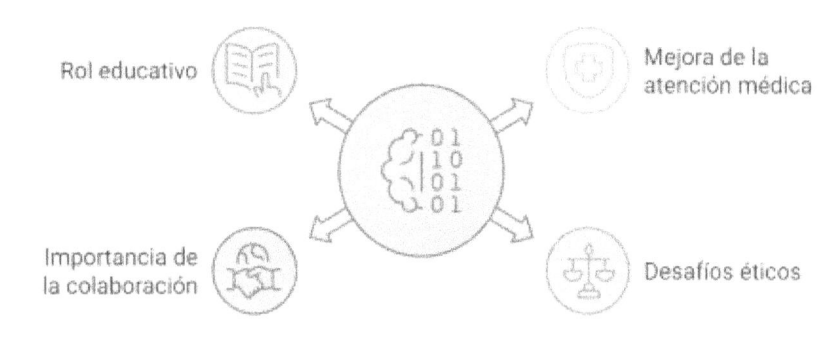

Rol educativo

Mejora de la atención médica

Importancia de la colaboración

Desafíos éticos

# Capítulo 6: IA en la Educación

La inteligencia artificial (IA) está transformando el ámbito educativo, proporcionando herramientas innovadoras que mejoran la enseñanza y el aprendizaje. Desde la personalización del contenido hasta la automatización de tareas administrativas, la IA tiene el potencial de hacer que la educación sea más accesible, efectiva y centrada en el estudiante. En este capítulo, exploraremos las aplicaciones de la IA en la educación, sus beneficios, desafíos y el futuro de un aprendizaje impulsado por la IA.

IA en la Educación: Transformando la Experiencia de Aprendizaje

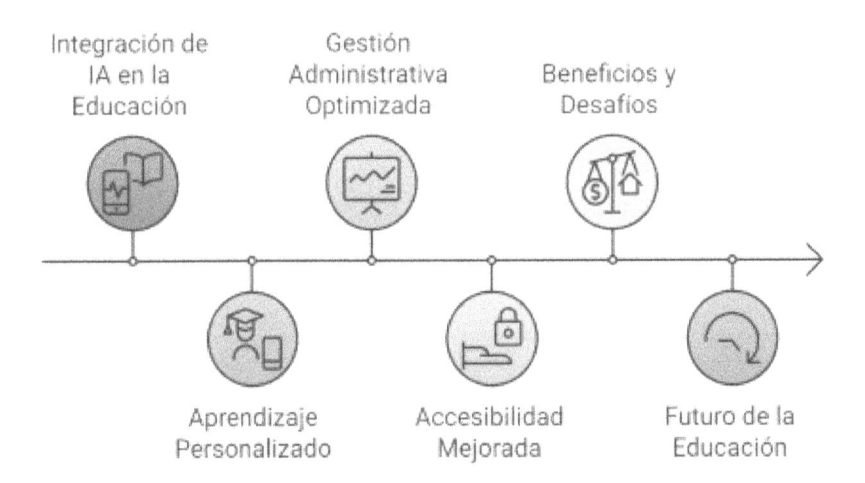

- Integración de IA en la Educación
- Gestión Administrativa Optimizada
- Beneficios y Desafíos
- Aprendizaje Personalizado
- Accesibilidad Mejorada
- Futuro de la Educación

## 1. Personalización del Aprendizaje

Una de las aplicaciones más significativas de la IA en la educación es la personalización del aprendizaje. A través del análisis de datos, los sistemas de IA pueden adaptar el contenido educativo a las necesidades individuales de cada estudiante.

**a. Sistemas de Tutoría Inteligente**

Los sistemas de tutoría basados en IA proporcionan apoyo personalizado a los estudiantes. Estos sistemas pueden identificar las fortalezas y debilidades de un alumno y ofrecer ejercicios y recursos específicos para mejorar su comprensión.

**Ejemplo**: Plataformas como Carnegie Learning utilizan algoritmos de IA para adaptar problemas de matemáticas a las habilidades del estudiante, lo que permite un aprendizaje más efectivo.

**b. Aprendizaje Adaptativo**

El aprendizaje adaptativo utiliza IA para ajustar el ritmo y el estilo de enseñanza según las preferencias y el progreso del estudiante. Esto asegura que cada alumno reciba la atención necesaria y pueda avanzar a su propio ritmo.

**Ejemplo**: Sistemas como DreamBox Learning analizan la interacción de los estudiantes con el contenido y ajustan las lecciones en tiempo real para maximizar el compromiso y la efectividad.

Componentes de la IA en la Educación

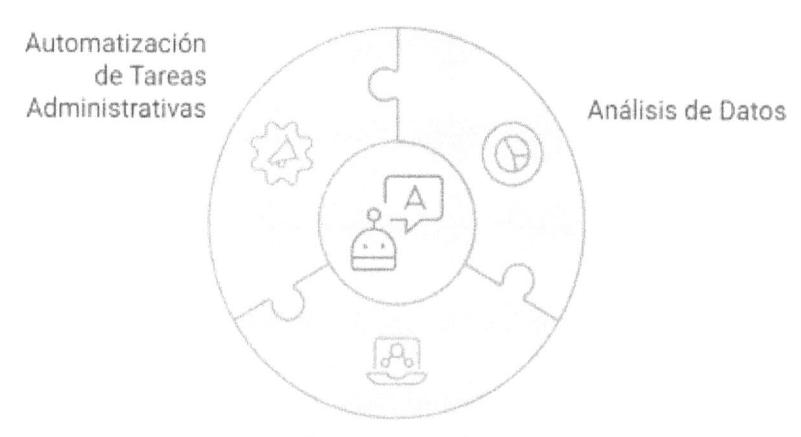

- Automatización de Tareas Administrativas
- Análisis de Datos
- Personalización del Aprendizaje

## 2. Mejora de la Enseñanza

La IA también está ayudando a los educadores a mejorar su práctica docente, proporcionando herramientas que facilitan la planificación y la evaluación.

**a. Análisis de Datos Educativos**

Los educadores pueden utilizar herramientas de IA para analizar datos de rendimiento estudiantil y obtener información valiosa sobre el progreso de sus alumnos. Esto les permite identificar patrones y áreas en las que los estudiantes pueden necesitar más apoyo.

**Ejemplo**: Plataformas como BrightBytes ofrecen análisis de datos que ayudan a las escuelas a comprender mejor el rendimiento de los estudiantes y a tomar decisiones informadas para mejorar el aprendizaje.

**b. Automatización de Tareas Administrativas**

La IA puede aliviar a los educadores de tareas administrativas rutinarias, permitiéndoles centrarse más en la enseñanza. Esto incluye la corrección de exámenes, la gestión de registros y la programación de clases.

**Ejemplo**: Herramientas de evaluación automatizada pueden calificar pruebas de opción múltiple y ensayos, proporcionando retroalimentación instantánea a los estudiantes.

Beneficios de la IA en la Educación

- Accesibilidad
- Personalización del Aprendizaje
- Automatización de Tareas Administrativas
- Análisis de Datos

# 3. Accesibilidad y Equidad

La IA tiene el potencial de hacer que la educación sea más accesible para todos, independientemente de su ubicación geográfica o situación socioeconómica.

**a. Recursos Educativos Abiertos**

Las plataformas educativas impulsadas por IA pueden proporcionar acceso a recursos de alta calidad a estudiantes de todo el mundo. Esto es particularmente beneficioso en regiones con recursos limitados.

**Ejemplo**: Coursera y edX ofrecen cursos en línea de universidades de prestigio, accesibles para cualquier persona con conexión a Internet, lo que democratiza el acceso a la educación.

**b. Apoyo a Estudiantes con Necesidades Especiales**

La IA puede ayudar a adaptar el contenido educativo para estudiantes con discapacidades, utilizando herramientas como lectores de pantalla, software de reconocimiento de voz y aplicaciones de aprendizaje personalizadas.

**Ejemplo**: Herramientas de IA pueden ayudar a estudiantes con dislexia al proporcionar lecturas en voz alta y resaltar palabras, facilitando su comprensión del texto.

Desafíos de la IA

Calidad de los Contenidos

Privacidad de los Datos

Dependencia de la Tecnología

Desigualdad en el Acceso

## 4. Desafíos y Consideraciones Éticas

A pesar de sus beneficios, la implementación de la IA en la educación no está exenta de desafíos.

### a. Privacidad de los Datos

El uso de IA en la educación implica la recopilación de grandes cantidades de datos sobre los estudiantes. Es fundamental establecer políticas claras para proteger la privacidad de los datos y asegurar que se utilicen de manera ética.

### b. Sesgo Algorítmico

Los sistemas de IA pueden perpetuar sesgos si se entrenan con datos que no representan adecuadamente a todos los grupos de estudiantes. Esto puede dar lugar a decisiones injustas en la evaluación y el apoyo a los estudiantes.

### c. Dependencia de la Tecnología

La creciente dependencia de la IA plantea la cuestión de qué sucede si la tecnología falla o si los estudiantes se vuelven demasiado dependientes de las herramientas automatizadas, afectando su capacidad para aprender de forma independiente.

IA en la Educación: Consideraciones Éticas

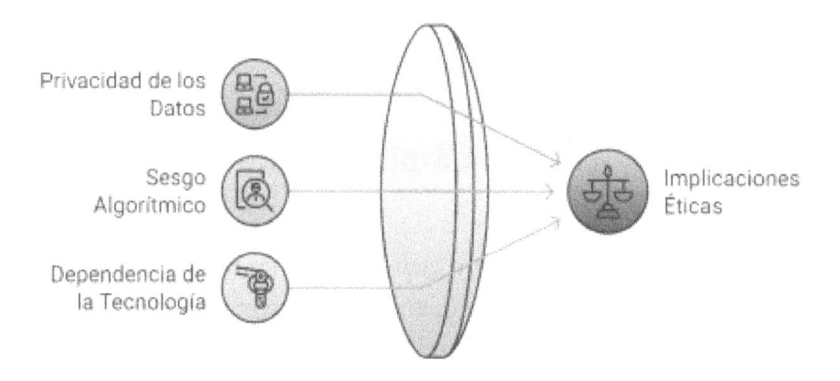

## 5. El Futuro de la IA en la Educación

La IA está configurando el futuro de la educación de varias maneras:

**a. Aprendizaje Híbrido**

Se espera que la combinación de la enseñanza tradicional con herramientas de IA se convierta en una norma. Esto permite a los educadores utilizar lo mejor de ambos mundos: la interacción humana y las capacidades analíticas de la IA.

**b. Colaboración Global**

La IA puede facilitar la colaboración entre estudiantes de diferentes partes del mundo, permitiendo proyectos conjuntos y el intercambio de ideas, lo que enriquecerá la experiencia educativa.

**c. Enfoque en Habilidades del Futuro**

La IA puede ayudar a identificar habilidades emergentes y preparar a los estudiantes para el futuro mercado laboral, ofreciendo cursos y recursos que se alineen con las demandas del mundo laboral en evolución.

¿Cómo abordar la integración de la IA en la educación?

Adoptar la IA — La IA puede mejorar la enseñanza y el aprendizaje, llevando a mejores resultados.

Proceder con precaución — Abordar los desafíos éticos y prácticos antes de la adopción generalizada.

## Conclusión

La inteligencia artificial tiene el potencial de transformar la educación de manera significativa, ofreciendo oportunidades para personalizar el aprendizaje, mejorar la enseñanza y aumentar la accesibilidad. Sin embargo, es esencial abordar los desafíos éticos y prácticos que surgen con su implementación. A medida que avanzamos hacia un futuro donde la IA desempeñará un papel central en la educación, la colaboración entre educadores, desarrolladores de tecnología y responsables de políticas será clave para garantizar que todos los estudiantes se beneficien de estas innovaciones. En los próximos capítulos, exploraremos cómo la IA está impactando otros aspectos de nuestras vidas y cómo estas transformaciones están modelando nuestro futuro.

Potencial Transformador

Eficiencia Administrativa

Desafíos Éticos

Aprendizaje Personalizado

# Capítulo 7: IA en el Hogar

La inteligencia artificial (IA) está revolucionando la forma en que vivimos en nuestros hogares, ofreciendo soluciones que mejoran la comodidad, la seguridad y la eficiencia energética. Desde asistentes virtuales hasta dispositivos domésticos inteligentes, la IA está transformando nuestros espacios en entornos más conectados e intuitivos. En este capítulo, exploraremos las diversas aplicaciones de la IA en el hogar, sus beneficios, desafíos y el futuro de la vida doméstica impulsada por la IA.

¿Cómo aprovechar la IA en sus hogares?

Adopte la IA — Comodidad, eficiencia y seguridad mejoradas.

Manténgase en métodos tradicionales — Pierda los beneficios de la IA.

## 1. Asistentes Virtuales

Los asistentes virtuales han sido uno de los desarrollos más visibles de la IA en el hogar. Estos sistemas, como Amazon Alexa, Google Assistant y Apple Siri, utilizan procesamiento del lenguaje natural (NLP) para interactuar con los usuarios y realizar tareas.

### a. Control de Dispositivos

Los asistentes virtuales permiten a los usuarios controlar dispositivos inteligentes en el hogar a través de comandos de voz. Esto incluye la regulación de la temperatura, el encendido y apagado de luces, y la gestión de electrodomésticos.

**Ejemplo**: Un usuario puede decir "Alexa, apaga las luces del salón" y el asistente ejecutará la acción, proporcionando una experiencia de hogar más conveniente.

### b. Información y Entretenimiento

Los asistentes virtuales también pueden proporcionar información instantánea, como el clima, las noticias y recordatorios. Además, pueden reproducir música, gestionar listas de reproducción y ofrecer recomendaciones de entretenimiento.

Asistentes Virtuales

Automatización del Hogar

Comandos de Voz

Gestión de Tareas

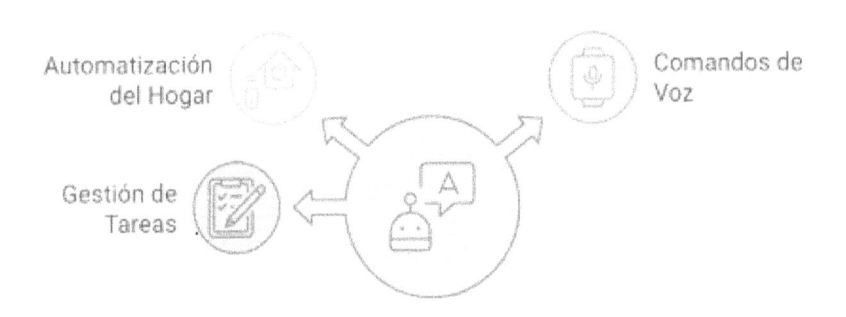

## 2. Hogares Inteligentes

La integración de la IA en dispositivos domésticos ha dado lugar a la creación de hogares inteligentes, donde varios dispositivos están interconectados y pueden comunicarse entre sí.

**a. Termostatos Inteligentes**

Los termostatos inteligentes, como Nest, utilizan IA para aprender los hábitos de calefacción y refrigeración de los usuarios. Esto les permite optimizar el uso de energía, ajustando automáticamente la temperatura según las preferencias y la ocupación del hogar.

**Beneficio**: Esta personalización no solo mejora la comodidad, sino que también puede resultar en ahorros significativos en las facturas de energía.

**b. Sistemas de Seguridad**

La IA está revolucionando la seguridad del hogar a través de cámaras inteligentes y sistemas de alarma que pueden detectar y alertar sobre actividades inusuales. Estas tecnologías utilizan reconocimiento facial y análisis de video en tiempo real para identificar amenazas potenciales.

**Ejemplo**: Un sistema de seguridad puede enviar alertas al teléfono del propietario si detecta una persona desconocida en la entrada, permitiendo una respuesta rápida.

Impulsando la domótica con la IA

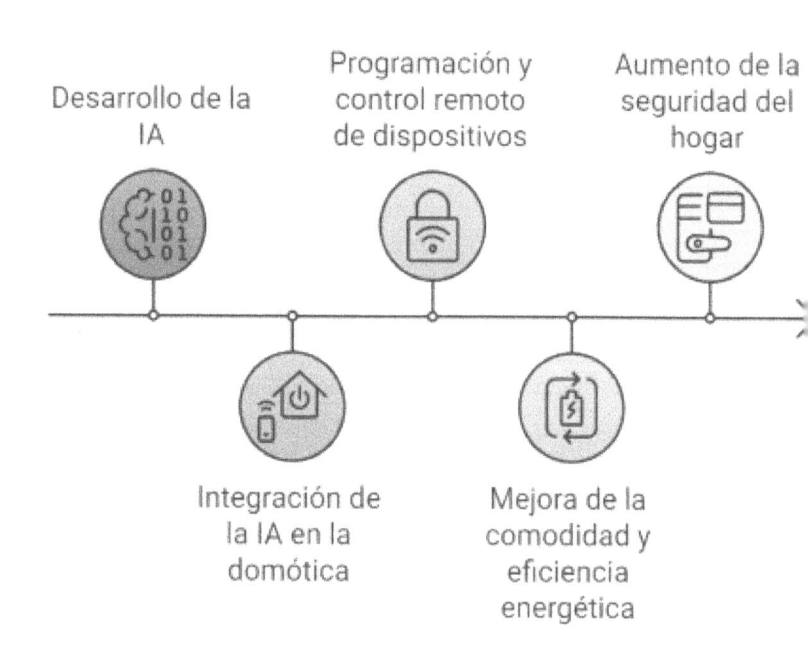

- Desarrollo de la IA
- Programación y control remoto de dispositivos
- Aumento de la seguridad del hogar
- Integración de la IA en la domótica
- Mejora de la comodidad y eficiencia energética

## 3. Automatización y Eficiencia Energética

La automatización impulsada por IA no solo mejora la comodidad, sino que también promueve la eficiencia energética en el hogar.

**a. Gestión de Energía**

Los sistemas de gestión de energía utilizan IA para monitorear y optimizar el consumo de electricidad en el hogar. Pueden identificar patrones de uso y sugerir ajustes para reducir el desperdicio.

La automatización puede contribuir a la eficiencia energética al optimizar el uso de recursos y reducir el desperdicio. Por ejemplo, un sistema automatizado de gestión de energía puede ajustar el consumo de electricidad en función de la demanda, mejorando así la eficiencia general de un edificio o instalación industrial.

**Ejemplo**: Un sistema inteligente puede recomendar el uso de electrodomésticos durante horas de menor demanda eléctrica, ayudando a los propietarios a ahorrar dinero y energía.

**b. Electrodomésticos Inteligentes**

Los electrodomésticos equipados con IA, como lavadoras y refrigeradores, pueden aprender de los hábitos de los usuarios y optimizar su funcionamiento. Por ejemplo, un refrigerador inteligente puede enviar alertas cuando los alimentos están a punto de caducar o sugerir recetas basadas en los ingredientes disponibles.

Ciclo de Optimización de Energía en el Hogar Impulsado por IA

## 4. Seguridad del Hogar y Salud y Bienestar

La IA también juega un papel crucial en la seguridad del hogar. Los sistemas de cámaras de seguridad inteligentes utilizan algoritmos de reconocimiento facial y detección de movimiento para alertar a los propietarios sobre actividades sospechosas. Además, algunos sistemas pueden diferenciar entre personas y mascotas, reduciendo las falsas alarmas y mejorando la eficacia de la vigilancia.

La IA está comenzando a integrarse en dispositivos de salud y bienestar en el hogar. Desde monitores de sueño hasta dispositivos de seguimiento de la actividad física, la IA puede analizar datos y proporcionar recomendaciones personalizadas para mejorar la salud. Además, algunos dispositivos pueden alertar a los usuarios sobre problemas de salud

Mejorando la Seguridad del Hogar y la Salud

- Dispositivos de Seguimiento de la Actividad
- Cámaras de Seguridad Inteligentes
- Monitores de Sueño
- Algoritmos de Reconocimiento Facial
- Dispositivos de Salud y Bienestar
- Detección de Movimiento

## 5. Desafíos y Consideraciones Éticas

A pesar de los numerosos beneficios que ofrece la IA en el hogar, también plantea desafíos y consideraciones éticas que deben ser abordados.

**a. Privacidad y Seguridad de los Datos**

El uso de dispositivos conectados y asistentes virtuales implica la recopilación de grandes cantidades de datos personales. Es crucial que los consumidores sean conscientes de cómo se utilizan estos datos y que existan protecciones adecuadas para garantizar su privacidad.

**b. Dependencia de la Tecnología**

La creciente dependencia de la IA y la tecnología en el hogar puede plantear preocupaciones sobre la capacidad de los usuarios para funcionar sin estas herramientas. Es importante fomentar un equilibrio y garantizar que los usuarios mantengan habilidades básicas.

**c. Accesibilidad**

No todos los hogares tienen igual acceso a la tecnología de IA, lo que puede generar disparidades en la calidad de vida. Es fundamental trabajar hacia la inclusión y garantizar que las tecnologías sean accesibles para todos.

IA en el Hogar

| Pros | Contras |
|---|---|
| Eficiencia | Privacidad |
| Comodidad | Dependencia |
| Seguridad | Accesibilidad |
| Salud | |
| Bienestar | |

# 5. El Futuro de la IA en el Hogar

La IA en el hogar está en constante evolución, y varias tendencias emergentes están configurando su futuro.

### a. Interacción Más Natural

Se espera que las futuras generaciones de asistentes virtuales ofrezcan interacciones más naturales y conversacionales, mejorando la experiencia del usuario y haciendo que la tecnología sea más accesible.

### b. Mayor Integración

La integración de la IA en más aspectos del hogar, desde la cocina hasta el entretenimiento, permitirá a los usuarios disfrutar de un entorno más fluido y conectado. Los dispositivos podrán comunicarse entre sí de manera más efectiva, creando un ecosistema doméstico inteligente.

### c. Sostenibilidad

A medida que la conciencia sobre la sostenibilidad aumenta, se espera que la IA juegue un papel crucial en la gestión de la energía del hogar y en la promoción de prácticas más ecológicas.

Futuro de la IA en el Hogar

Interacción Natural

Integración Sin Costuras

Vida Sostenible

Ecosistema Doméstico Inteligente

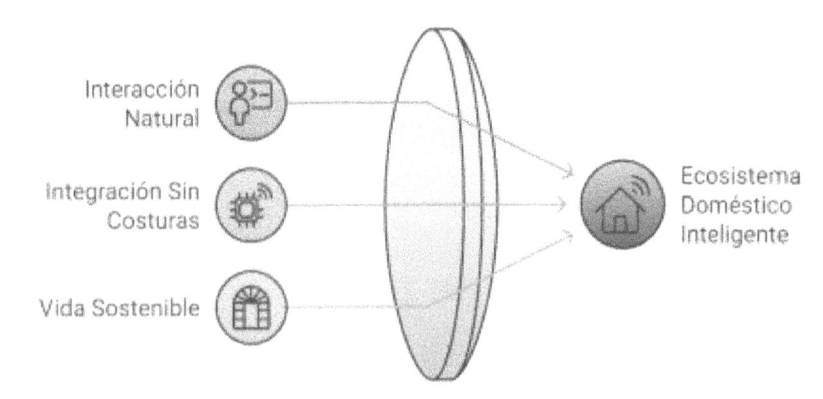

## Conclusión

La inteligencia artificial está transformando nuestros hogares, ofreciendo comodidad, seguridad y eficiencia de maneras que antes parecían imposibles. A medida que esta tecnología continúa evolucionando, será fundamental abordar los desafíos éticos y de privacidad que surgen con su implementación. Con una adopción responsable, la IA tiene el potencial de mejorar la calidad de vida en nuestros hogares, haciéndolos más inteligentes y sostenibles. En los próximos capítulos, exploraremos cómo la IA está impactando otros sectores y cómo estas transformaciones están dando forma a nuestro futuro.

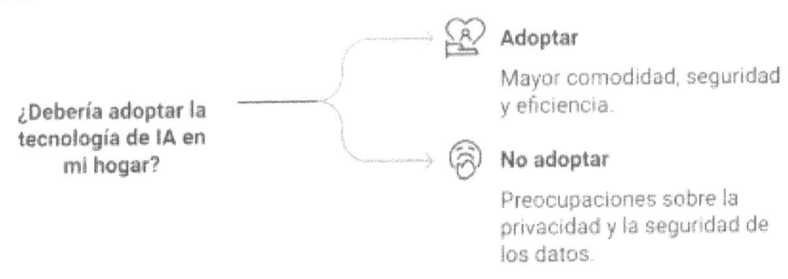

¿Debería adoptar la tecnología de IA en mi hogar?

- **Adoptar**: Mayor comodidad, seguridad y eficiencia.
- **No adoptar**: Preocupaciones sobre la privacidad y la seguridad de los datos.

# Capítulo 8: Ética y Responsabilidad en la IA

A medida que la inteligencia artificial (IA) se integra cada vez más en nuestras vidas, surgen importantes preguntas éticas y de responsabilidad que deben ser abordadas. La capacidad de la IA para influir en decisiones críticas, desde la atención médica hasta la justicia penal y el empleo, plantea desafíos que requieren un enfoque cuidadoso para garantizar que estas tecnologías se desarrollen y utilicen de manera ética y responsable. En este capítulo, exploraremos los aspectos éticos de la IA, las implicaciones de su uso y las estrategias para fomentar un desarrollo responsable.

Desafíos y Responsabilidades de la IA

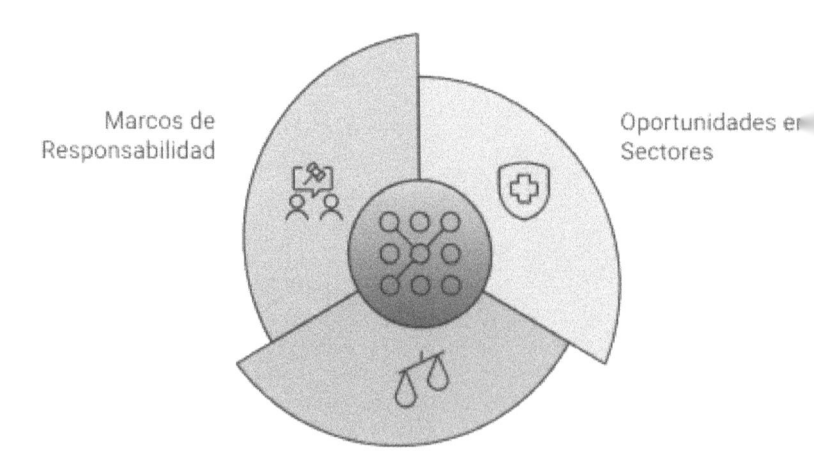

Marcos de Responsabilidad

Oportunidades en Sectores

Dilemas Éticos

## 1. Principios Éticos en la IA

La ética en la IA abarca varios principios fundamentales que deben guiar su desarrollo y aplicación:

**a. Transparencia**

Es esencial que los sistemas de IA sean transparentes en su funcionamiento. Los usuarios y afectados deben entender cómo se toman las decisiones, qué datos se utilizan y cómo se entrenan los algoritmos.

**Ejemplo**: En el ámbito de la salud, los pacientes deben ser informados sobre cómo se utilizan los algoritmos para tomar decisiones sobre su tratamiento.

### b. Justicia y No Discriminación

Los sistemas de IA deben ser diseñados para evitar sesgos y discriminación. Esto implica asegurar que los datos utilizados para entrenar modelos sean representativos y no perpetúen desigualdades existentes.

**Ejemplo**: Algoritmos utilizados en la contratación deben ser revisados para garantizar que no discriminen a candidatos basados en género, raza u otras características.

### c. Responsabilidad

Los desarrolladores y organizaciones que implementan sistemas de IA deben ser responsables de sus resultados. Esto incluye establecer mecanismos de rendición de cuentas para abordar errores y consecuencias no deseadas.

**Ejemplo**: En casos de decisiones automatizadas en el ámbito judicial, deben existir protocolos para revisar y corregir errores potenciales en las evaluaciones.

## Implicaciones Éticas de la IA

*Diagrama de espina de pescado con las siguientes ramas:*
- Diseño de Algoritmos
- Impacto Social
- Sesgo en los Datos
- Discriminación
- Falta de Transparencia
- Desigualdad
- Problemas de Seguridad
- Desafíos de Aplicación
- Preocupaciones de Privacidad
- Regulaciones Inadecuadas
- Impacto en los Individuos
- Marco Regulatorio

→ Implicaciones Éticas de la IA

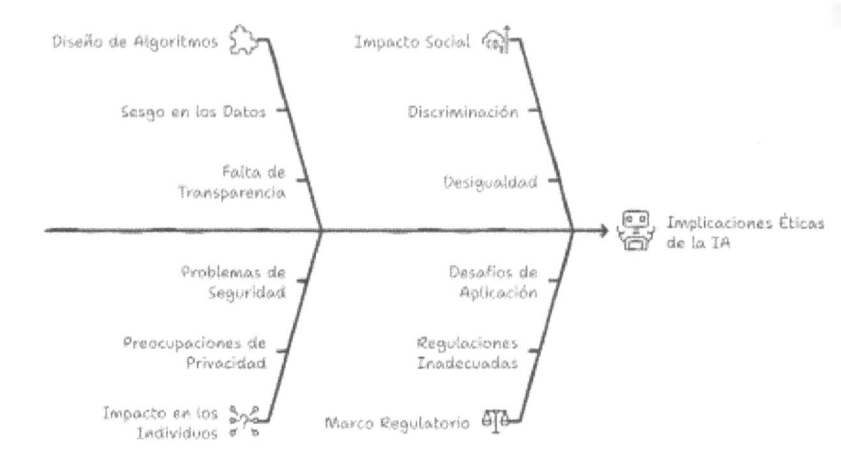

## 2. Desafíos Éticos en la IA

La implementación de la IA plantea varios desafíos éticos que deben ser considerados:

**a. Sesgo Algorítmico**

Uno de los principales problemas éticos en la IA es el sesgo algorítmico. Los sistemas de IA pueden perpetuar o incluso amplificar prejuicios existentes si se entrenan con datos sesgados. Esto puede llevar a decisiones injustas en áreas críticas como la contratación, la justicia penal y el acceso a servicios.

Los algoritmos pueden reflejar y amplificar sesgos presentes en los datos con los que son entrenados. Esto puede llevar a decisiones injustas en áreas sensibles como la contratación, el crédito y la justicia penal.

**Ejemplo**: Un sistema de evaluación de riesgos en el ámbito penal puede discriminar a ciertos grupos si se basa en datos históricos que reflejan prejuicios raciales.

**b. Privacidad y Seguridad**

El uso de IA a menudo implica la recopilación de grandes cantidades de datos personales, lo que genera preocupaciones sobre la privacidad. Es crucial establecer normas claras para proteger la información del usuario y garantizar su uso ético.

**c. Autonomía y Control**

La creciente autonomía de los sistemas de IA plantea preguntas sobre el control humano. Es importante garantizar que las decisiones críticas mantengan un componente humano y que los usuarios tengan la capacidad de cuestionar y entender las decisiones automatizadas.

¿Cómo abordar los desafíos éticos en el desarrollo de la IA?

Priorizar datos imparciales
Reducir el sesgo en los datos de entrenamiento puede ayudar a mitigar el sesgo algorítmico

Mejorar la transparencia
Mejorar la explicabilidad de los sistemas de IA puede generar confianza y responsabilidad

Implementar medidas robustas de privacidad de datos
Asegurar la seguridad y privacidad de los datos puede aliviar las preocupaciones sobre el uso indebido de datos.

## 3. Estrategias para un Desarrollo Responsable

Para abordar estos desafíos éticos, se pueden implementar varias estrategias:

**a. Regulación y Normativas**

Los gobiernos y organismos reguladores deben establecer marcos legales y normativos que guíen el desarrollo y uso de la IA. Esto incluye la creación de leyes que protejan la privacidad y promuevan la equidad.

**b. Educación y Conciencia**

La formación en ética de la IA debe ser parte integral de la educación de desarrolladores y profesionales. Aumentar la conciencia sobre los problemas éticos puede ayudar a mitigar riesgos en el diseño y la implementación de tecnologías de IA.

**c. Participación de Múltiples Partes Interesadas**

Involucrar a diversas partes interesadas, incluidos expertos en ética, representantes de la sociedad civil y grupos afectados, es crucial para garantizar que se consideren múltiples perspectivas en el desarrollo de sistemas de IA.

Responsabilidad y Regulación de la IA

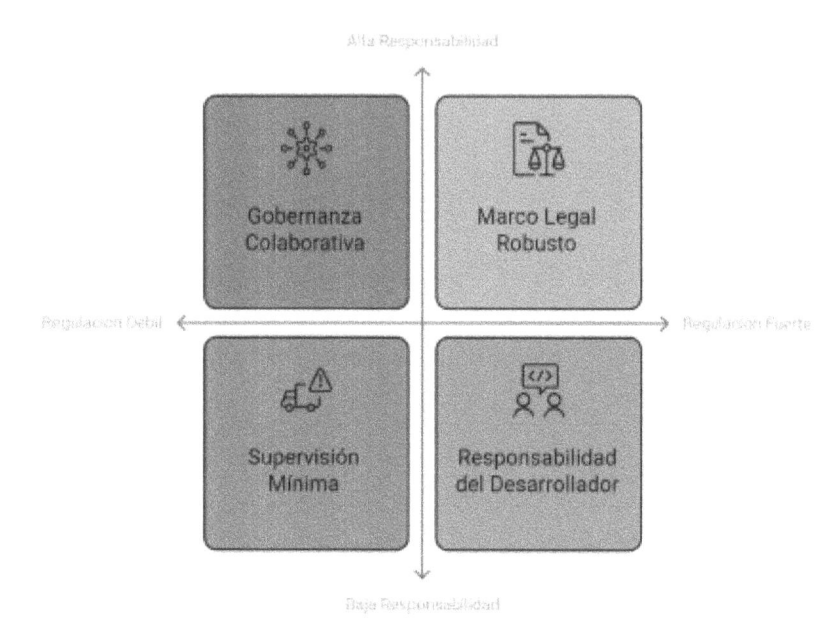

Alta Responsabilidad

- Gobernanza Colaborativa
- Marco Legal Robusto

Regulación Débil ⟵ ⟶ Regulación Fuerte

- Supervisión Mínima
- Responsabilidad del Desarrollador

Baja Responsabilidad

## 4. Casos de Estudio

**a. IA en la Atención Médica**

En el ámbito de la salud, la IA se utiliza para diagnósticos y tratamientos, pero también plantea desafíos éticos. La falta de transparencia en cómo se toman decisiones puede afectar la confianza del paciente. Es esencial que los algoritmos sean auditables y que se garantice la equidad en el acceso a tratamientos.

**b. IA en la Justicia Penal**

Los sistemas de IA utilizados en el sistema judicial, como los algoritmos de evaluación de riesgo, deben ser cuidadosamente diseñados para evitar sesgos. Las implicaciones de decisiones automatizadas pueden tener consecuencias graves, lo que resalta la necesidad de un marco ético sólido.

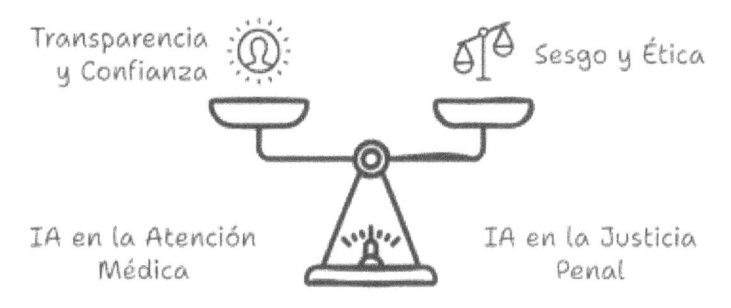

*Equilibrando los desafíos éticos de la IA en la atención médica y la justicia.*

## 5. El Futuro de la Ética en la IA

A medida que la IA continúa evolucionando, es probable que surjan nuevas cuestiones éticas. Algunas tendencias futuras incluyen:

### a. IA Explicable

El desarrollo de IA explicativa, que permite a los usuarios comprender cómo y por qué se toman determinadas decisiones, será fundamental para aumentar la confianza y la aceptación de estas tecnologías.

### b. Ética Global

La IA es una disciplina global, y las cuestiones éticas deben abordarse a nivel internacional. La colaboración entre países y organizaciones será clave para establecer estándares y prácticas responsables.

### c. Innovación Responsable

Fomentar una cultura de innovación responsable en la que se prioricen la ética y la sostenibilidad será esencial para garantizar que la IA beneficie a la sociedad en su conjunto.

Futuro de la Ética en la IA

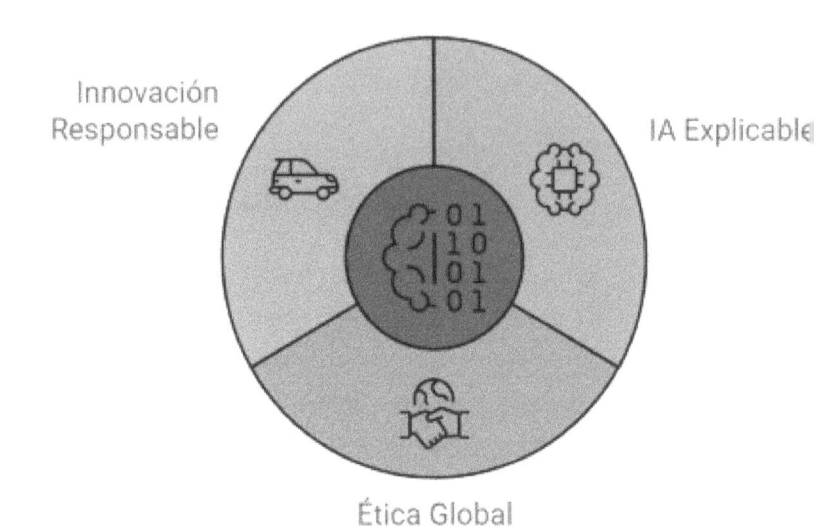

Innovación Responsable

IA Explicable

Ética Global

## Conclusión

La ética y la responsabilidad son componentes esenciales en el desarrollo y uso de la inteligencia artificial. A medida que la IA se convierte en una parte integral de nuestras vidas, es crucial abordar los desafíos éticos y garantizar que estas tecnologías se utilicen de manera justa y responsable. Con un enfoque proactivo en la ética y la participación de múltiples partes interesadas, podemos trabajar hacia un futuro en el que la IA beneficie a todos y fomente una sociedad más equitativa y sostenible. En los próximos capítulos, exploraremos cómo la IA continúa impactando diversos sectores y cómo estas transformaciones están moldeando nuestro futuro.

## Ética de la IA

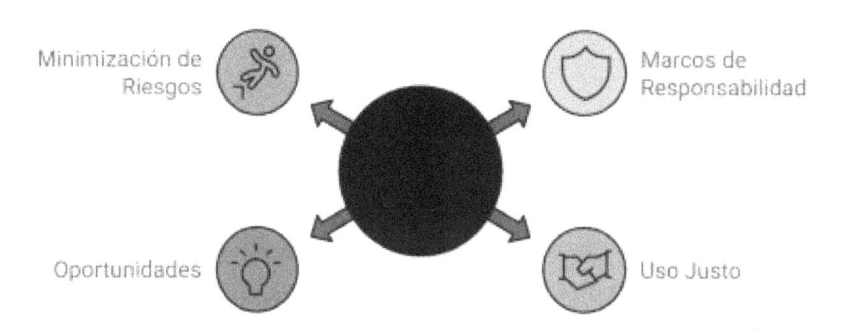

- Minimización de Riesgos
- Marcos de Responsabilidad
- Oportunidades
- Uso Justo

# Capítulo 9: Privacidad y Seguridad en la Era de la IA

A medida que la inteligencia artificial (IA) se integra en casi todos los aspectos de nuestras vidas, la privacidad y la seguridad se han convertido en temas críticos. La recopilación y el análisis de grandes volúmenes de datos personales presentan desafíos significativos que requieren atención inmediata. Este capítulo examina las preocupaciones sobre la privacidad y la seguridad en la era de la IA, las implicaciones para los individuos y las organizaciones, y las estrategias para mitigar estos riesgos.

Desafíos de Privacidad y Seguridad de la IA

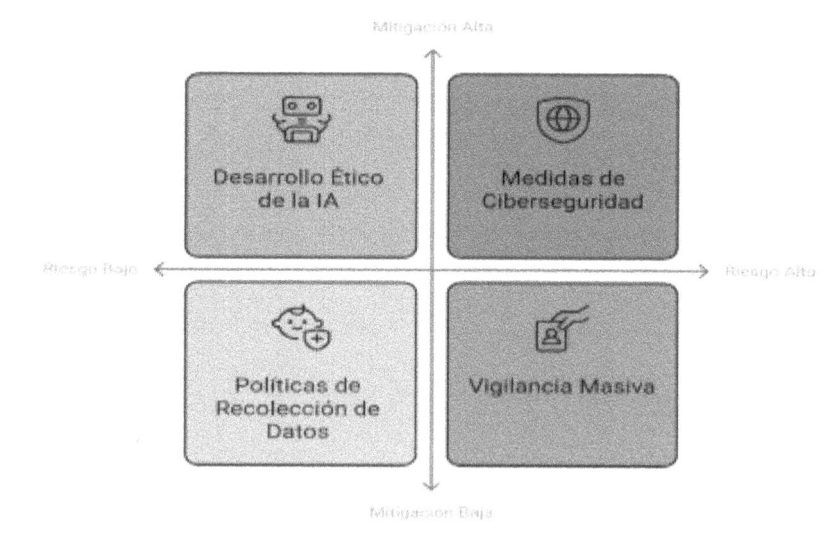

- Desarrollo Ético de la IA
- Medidas de Ciberseguridad
- Políticas de Recolección de Datos
- Vigilancia Masiva

## 1. La Naturaleza de los Datos en la IA

La IA se basa en datos para aprender y tomar decisiones. Esto incluye datos personales, financieros, de salud y de comportamiento, que son utilizados para entrenar modelos y mejorar su precisión.

**a. Recopilación de Datos**

Las organizaciones recopilan datos a través de diversas fuentes, como:

- **Dispositivos Inteligentes**: Sensores y dispositivos conectados que monitorean la actividad del usuario.
- **Plataformas en Línea**: Redes sociales, aplicaciones y sitios web que registran interacciones y preferencias.
- **Transacciones Financieras**: Datos de compras y cuentas bancarias que ayudan a perfilar el comportamiento del consumidor.

**b. Uso de Datos**

La IA utiliza estos datos para ofrecer servicios personalizados, mejorar la eficiencia operativa y tomar decisiones informadas. Sin embargo, este uso plantea preguntas sobre la propiedad, el consentimiento y la transparencia.

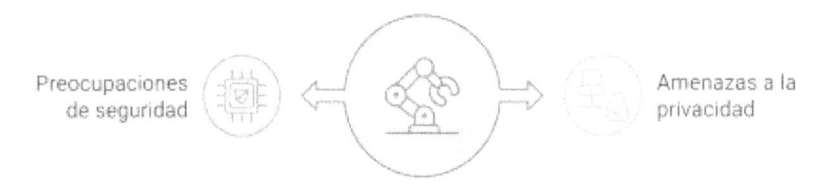

Integración de IA

Preocupaciones de seguridad

Amenazas a la privacidad

## 2. Desafíos de Privacidad

A medida que aumenta la recopilación de datos, también lo hacen las preocupaciones sobre la privacidad. Algunos de los desafíos más importantes incluyen:

**a. Falta de Transparencia**

Muchas veces, los usuarios no son conscientes de qué datos se recopilan, cómo se utilizan y quién tiene acceso a ellos. Esta falta de transparencia puede generar desconfianza.

**b. Consentimiento Informado**

El consentimiento para el uso de datos a menudo se obtiene a través de acuerdos de usuario extensos y complicados, que muchos no leen o comprenden. Esto plantea la cuestión de si el consentimiento es realmente informado.

**c. Perfiles y Vigilancia**

La recopilación de datos puede llevar a la creación de perfiles detallados de los usuarios, lo que permite a las organizaciones realizar un seguimiento de comportamientos y preferencias. Esto puede dar lugar a situaciones de vigilancia no deseada.

Desafíos de la Privacidad

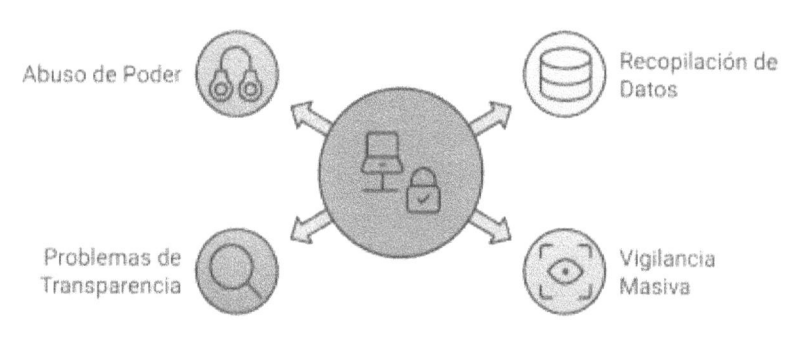

- Abuso de Poder
- Recopilación de Datos
- Problemas de Transparencia
- Vigilancia Masiva

## 3. Desafíos de Seguridad

La seguridad de los datos es otro aspecto crítico en la era de la IA, ya que la recopilación y el almacenamiento de grandes volúmenes de información la hacen vulnerable a diversas amenazas.

**a. Ciberataques**

Los sistemas de IA pueden ser objetivos atractivos para los cibercriminales. Los ataques pueden incluir:

- **Robo de Datos**: Acceso no autorizado a información personal, financiera o de salud.
- **Manipulación de Datos**: Alteración de datos para engañar a los sistemas de IA, lo que puede tener consecuencias graves en áreas como la atención médica o la seguridad pública.

**b. Vulnerabilidades en Algoritmos**

Los algoritmos de IA también pueden ser explotados. Los ataques adversariales, por ejemplo, pueden manipular la entrada de datos para que el sistema produzca resultados incorrectos.

**C. Desinformación**

La capacidad de la IA para generar contenido falso, como deepfakes, plantea un desafío significativo para la seguridad de la información. Esto puede ser utilizado para manipular la opinión pública, difundir noticias falsas y socavar la confianza en las instituciones.

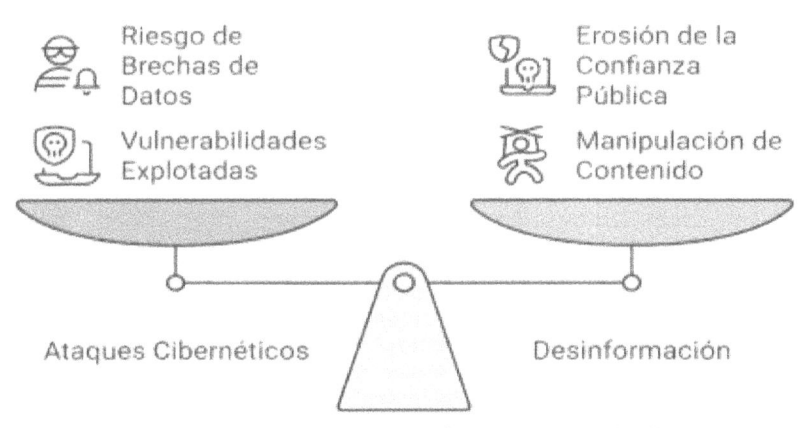

Riesgo de Brechas de Datos

Erosión de la Confianza Pública

Vulnerabilidades Explotadas

Manipulación de Contenido

Ataques Cibernéticos

Desinformación

La IA presenta amenazas de seguridad duales.

# 4. Estrategias para Proteger la Privacidad y Seguridad

Para abordar estos desafíos, es esencial implementar estrategias efectivas que protejan la privacidad y la seguridad de los datos.

### a. Regulación y Cumplimiento

Los gobiernos pueden establecer regulaciones que obliguen a las organizaciones a seguir prácticas de recopilación y uso de datos responsables. Ejemplos incluyen:

- **Reglamento General de Protección de Datos (GDPR):** Establece normas sobre la recopilación y el uso de datos personales en la Unión Europea.
- **Ley de Privacidad del Consumidor de California (CCPA):** Proporciona a los residentes de California derechos sobre sus datos personales.

### b. Tecnología de Protección de Datos

Las organizaciones deben invertir en tecnologías que protejan los datos, como cifrado, autenticación multifactor y sistemas de detección de intrusiones. Estas herramientas ayudan a salvaguardar la información contra accesos no autorizados.

### c. Educación y Conciencia

Es fundamental educar a los usuarios sobre sus derechos y cómo proteger su información personal. La conciencia sobre la privacidad y la seguridad debe ser parte de la cultura organizacional.

¿Cómo garantizar la privacidad y seguridad de los datos en el uso de la IA?

**Regular**
Establecer leyes claras y actualizadas.

**Educar**
Promover la conciencia y educación sobre privacidad y seguridad.

**Fomentar Ética**
Incentivar a las empresas a adoptar prácticas éticas en el desarrollo de IA.

## 5. El Futuro de la Privacidad y Seguridad en la IA

A medida que la IA continúa evolucionando, las preocupaciones sobre la privacidad y la seguridad seguirán siendo relevantes. Algunas tendencias futuras incluyen:

### a. IA para la Protección de Datos

La IA también puede ser utilizada para mejorar la seguridad de los datos. Sistemas de IA pueden identificar patrones de comportamiento y detectar actividades sospechosas en tiempo real, ayudando a prevenir ciberataques.

### b. Enfoque en la Privacidad por Diseño

Las organizaciones están comenzando a adoptar un enfoque de "privacidad por diseño", donde la protección de datos se integra en el desarrollo de productos y servicios desde el principio.

### c. Normativas Globales

A medida que la IA trasciende fronteras, se requerirá un enfoque global para la regulación de la privacidad y la seguridad de datos. La colaboración internacional será esencial para establecer estándares que protejan a los usuarios.

## Futuras Tendencias en Privacidad y Seguridad de la IA

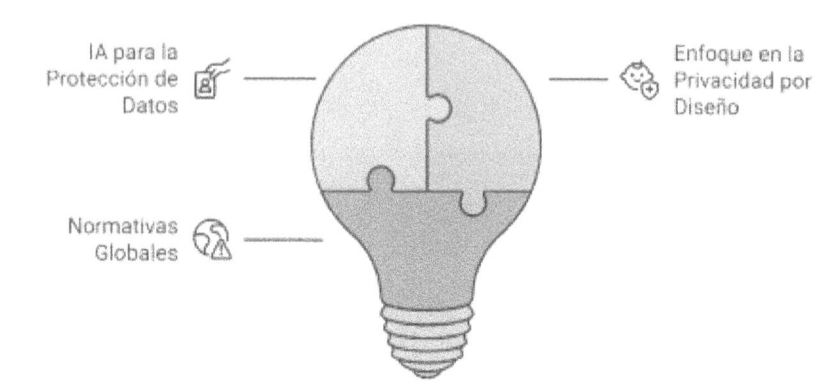

- IA para la Protección de Datos
- Enfoque en la Privacidad por Diseño
- Normativas Globales

## Conclusión

La privacidad y la seguridad son aspectos fundamentales en la era de la inteligencia artificial. A medida que la recopilación y el uso de datos continúan creciendo, es esencial que tanto las organizaciones como los usuarios tomen medidas proactivas para proteger la información personal. Con un enfoque en la transparencia, la regulación y la educación, es posible mitigar los riesgos asociados con la IA y garantizar que estas tecnologías beneficien a la sociedad de manera ética y responsable. En los próximos capítulos, exploraremos cómo la IA está impactando diversos sectores y cómo estas transformaciones están dando forma a nuestro futuro.

¿Cómo abordar la privacidad y la seguridad en la era de la IA?

- **Medidas Proactivas**: Implementar medidas de seguridad y prácticas de privacidad para mitigar riesgos.
- **Enfoque Colaborativo y Ético**: Trabajar juntos para asegurar que la IA beneficie a la sociedad sin comprometer derechos.

## Capítulo 10: IA y Desigualdad

La inteligencia artificial (IA) tiene el potencial de transformar sociedades enteras, pero también plantea serias preocupaciones sobre la desigualdad. A medida que estas tecnologías se integran en diversos sectores, es crucial examinar cómo pueden perpetuar, agravar o incluso mitigar las desigualdades existentes. Este capítulo explorará los vínculos entre la IA y la desigualdad, analizando sus impactos en diferentes contextos y sugiriendo estrategias para promover un desarrollo equitativo. Este documento explora cómo la IA puede tanto contribuir a la desigualdad como ofrecer soluciones para mitigarla, analizando sus implicaciones en el empleo, la educación y el acceso a la tecnología.

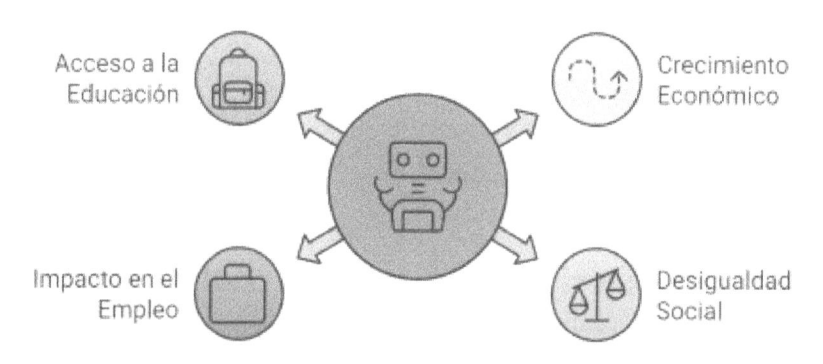

### 1. La Brecha Digital

**a. Acceso a la Tecnología**

La brecha digital se refiere a la disparidad en el acceso a tecnologías de información y comunicación. Esta brecha no solo se basa en la disponibilidad de dispositivos, sino también en la habilidad para utilizarlos de manera efectiva.

**Ejemplo**: En comunidades rurales o de bajos ingresos, la falta de acceso a Internet de alta velocidad limita las oportunidades de educación y empleo, lo que a su vez dificulta la adopción de tecnologías de IA.

**b. Habilidades y Educación**

La capacidad de aprovechar la IA depende en gran medida de la educación y las habilidades. Aquellos con acceso a una educación de calidad y formación en tecnologías digitales están mejor posicionados para beneficiarse de las innovaciones en IA.

**Ejemplo**: Las personas con experiencia en ciencia de datos y programación tienen más probabilidades de conseguir empleos bien remunerados en un mercado laboral cada vez más impulsado por la IA.

Limita el progreso y exacerba las disparidades en la sociedad.

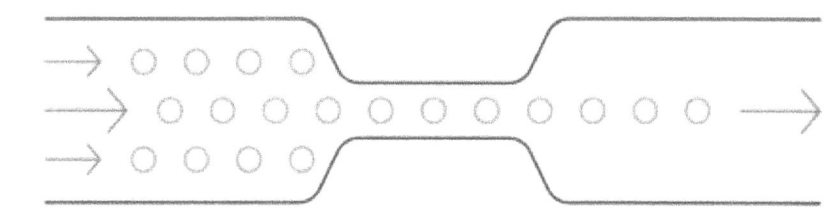

## 2. Desigualdad en el Mercado Laboral

**a. Desplazamiento de Empleos**

La automatización impulsada por la IA puede llevar al desplazamiento de trabajadores en sectores que dependen de tareas rutinarias y repetitivas. Esto puede afectar desproporcionadamente a los trabajadores de bajos ingresos y a aquellos con menos educación.

**Ejemplo**: La automatización en la manufactura y el comercio minorista ha resultado en la pérdida de empleos para muchos trabajadores, mientras que se requieren nuevas habilidades en áreas como la programación y el análisis de datos.

### b. Creación de Nuevos Empleos

Aunque la IA puede destruir ciertos empleos, también tiene el potencial de crear nuevos roles. Sin embargo, estos nuevos empleos a menudo requieren habilidades técnicas avanzadas, lo que puede aumentar la desigualdad entre quienes tienen acceso a la educación y la capacitación necesarias.

### c. Diferencias Salariales

El uso de IA en el lugar de trabajo puede exacerbar las diferencias salariales. Aquellos que pueden aprovechar las herramientas de IA para mejorar su productividad pueden ver aumentos salariales, mientras que otros pueden quedar rezagados.

*Impacto de la IA en el Mercado Laboral*

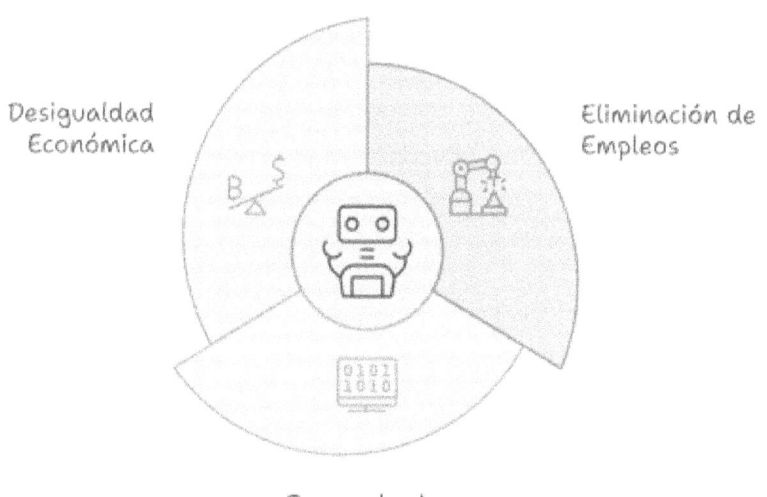

- Desigualdad Económica
- Eliminación de Empleos
- Demanda de Habilidades Técnicas

## 3. Desigualdad en el Acceso a Servicios

### a. Atención Médica

La IA tiene el potencial de mejorar la atención médica, pero su implementación puede ser desigual. Las comunidades con menos recursos pueden no tener acceso a tecnologías avanzadas, lo que limita su capacidad para beneficiarse de diagnósticos y tratamientos personalizados.

**Ejemplo**: Las herramientas de diagnóstico impulsadas por IA pueden ser costosas y, por lo tanto, inaccesibles para ciertos grupos poblacionales, perpetuando disparidades en la atención médica.

**b. Educación**

Las plataformas educativas impulsadas por IA pueden ofrecer recursos valiosos, pero el acceso a estas plataformas puede estar limitado por factores económicos y geográficos. Esto puede intensificar la desigualdad en el acceso a una educación de calidad.

Es fundamental que se implementen políticas que garanticen que todos tengan acceso a la educación y la formación necesarias para prosperar en un entorno laboral que está siendo transformado por la IA. Iniciativas como la educación en línea y los programas de formación técnica pueden ayudar a cerrar esta brecha.

Jerarquía de Educación y Capacitación

Adaptación a la IA
Oportunidades Iguales
Capacitación Técnica
Educación en Línea
Educación de Calidad

## 4. Sesgo Algorítmico y Desigualdad

**a. Perpetuación de Sesgos**

Los algoritmos de IA pueden perpetuar y amplificar sesgos existentes si se entrenan con datos que reflejan desigualdades históricas. Esto puede llevar a decisiones injustas en áreas como la contratación, la justicia penal y los préstamos.

**Ejemplo**: La utilización de algoritmos en sistemas de justicia penal puede resultar en decisiones sesgadas que afectan desproporcionadamente a comunidades minoritarias, perpetuando ciclos de desigualdad.

**b. Falta de Diversidad en el Desarrollo de IA**

La falta de diversidad en los equipos que desarrollan tecnologías de IA puede resultar en sesgos no intencionados. Es esencial contar con perspectivas diversas para crear sistemas más justos y equitativos.

Causas del Sesgo Algorítmico y la Desigualdad

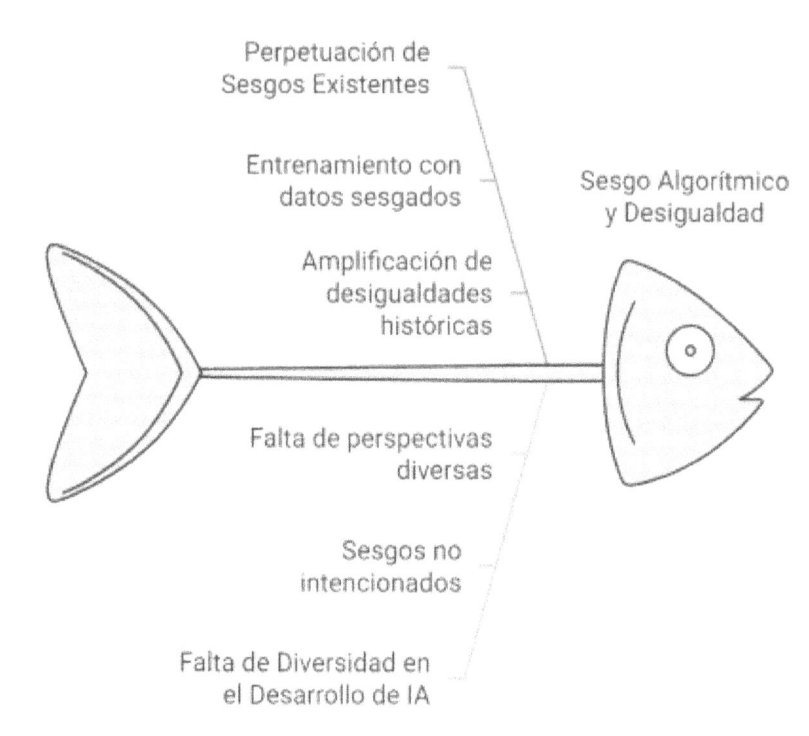

- Perpetuación de Sesgos Existentes
- Entrenamiento con datos sesgados
- Amplificación de desigualdades históricas
- Falta de perspectivas diversas
- Sesgos no intencionados
- Falta de Diversidad en el Desarrollo de IA

Sesgo Algorítmico y Desigualdad

## 5. Estrategias para Mitigar la Desigualdad

Para abordar las desigualdades exacerbadas por la IA, se pueden implementar varias estrategias:

**a. Políticas de Inclusión Digital**

Los gobiernos y las organizaciones deben trabajar para cerrar la brecha digital mediante inversiones en infraestructura y programas de capacitación digital. Esto incluye mejorar el acceso a Internet y ofrecer formación en habilidades tecnológicas.

**b. Educación y Capacitación**

Es fundamental fomentar la educación en ciencias computacionales y tecnología desde una edad temprana. Iniciativas que promueven la educación STEM (ciencia, tecnología, ingeniería y matemáticas) pueden ayudar a preparar a las futuras generaciones para un mercado laboral impulsado por la IA.

**c. Supervisión y Regulación de Algoritmos**

Las organizaciones deben establecer mecanismos de supervisión para garantizar que los algoritmos sean justos y transparentes. Esto incluye auditorías regulares y revisiones de sesgo para identificar y corregir desigualdades en los sistemas de IA.

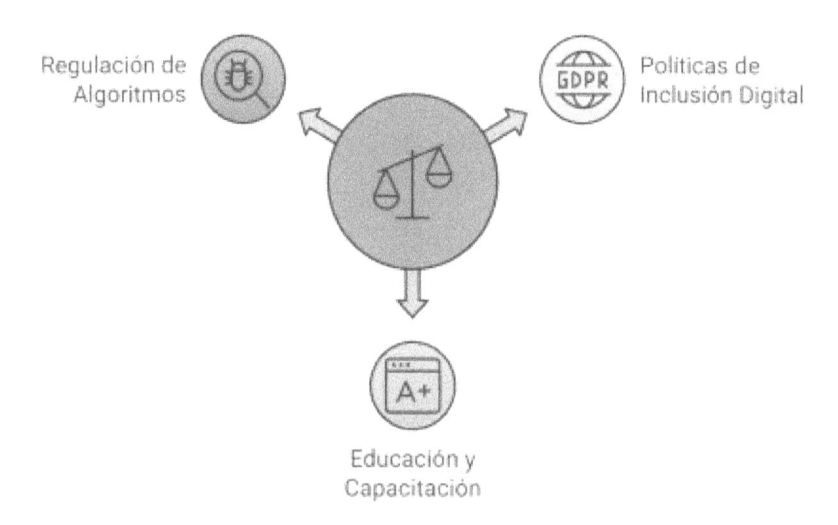

Mitigando la Desigualdad

Regulación de Algoritmos

Políticas de Inclusión Digital

Educación y Capacitación

## 6. El Futuro de la IA y la Desigualdad

A medida que la IA continúa evolucionando, es probable que surjan nuevas formas de desigualdad. Algunas tendencias futuras incluyen:

**a. Énfasis en la Responsabilidad Social**

Las empresas tecnológicas están comenzando a reconocer la importancia de la responsabilidad social en el desarrollo de IA. Esto puede incluir compromisos para abordar la desigualdad y promover la inclusión en sus productos y servicios.

**b. Colaboración Multisectorial**

La colaboración entre el sector público, privado y la sociedad civil será clave para abordar las desigualdades. Iniciativas conjuntas pueden ayudar a garantizar que los beneficios de la IA se distribuyan equitativamente.

**c. Innovación Inclusiva**

Promover la innovación inclusiva, que priorice el acceso y la equidad en el desarrollo de tecnologías, será esencial para mitigar las desigualdades en la era de la IA.

¿Cómo abordar la desigualdad?

**Responsabilidad Social**
Promover la equidad en el desarrollo de IA.

**Innovación Inclusiva**
Asegurar el acceso para todos en la tecnología.

## Conclusión

La inteligencia artificial tiene el potencial de transformar nuestras sociedades, pero también puede exacerbar las desigualdades existentes. Es crucial abordar estos desafíos de manera proactiva, implementando políticas y estrategias que promuevan la equidad y la inclusión. Con un enfoque en la educación, la diversidad y la responsabilidad social, podemos trabajar hacia un futuro en el que la IA beneficie a todos, reduciendo las brechas de desigualdad en lugar de ampliarlas. En los siguientes capítulos, examinaremos cómo la IA está impactando otros aspectos de nuestras vidas y cómo estas transformaciones están moldeando nuestro futuro.

## IA y Mitigación de la Desigualdad

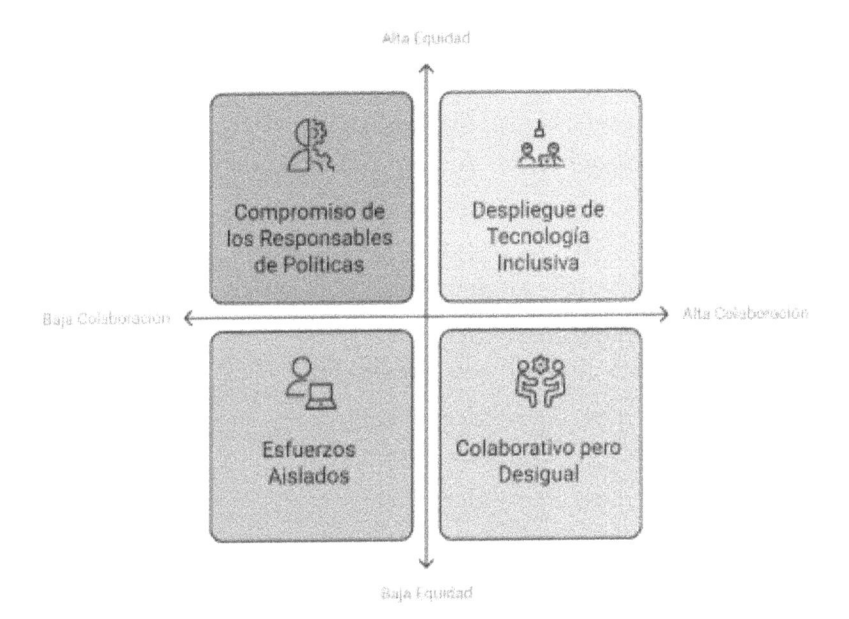

**Alta Equidad**

| | |
|---|---|
| Compromiso de los Responsables de Políticas | Despliegue de Tecnología Inclusiva |
| Esfuerzos Aislados | Colaborativo pero Desigual |

Baja Colaboración ← → Alta Colaboración

**Baja Equidad**

# Capítulo 11: Visiones del Futuro de la IA

La inteligencia artificial (IA) está en la cúspide de una transformación global que promete cambiar radicalmente nuestra forma de vivir, trabajar y relacionarnos. A medida que exploramos las visiones del futuro de la IA, es esencial considerar cómo estas tecnologías impactarán diferentes aspectos de la sociedad, así como los retos y oportunidades que surgirán. Este capítulo examinará las posibles direcciones futuras de la IA, sus implicaciones y las consideraciones necesarias para un desarrollo responsable.

Futuro de la IA

Desarrollos tecnológicos

Implicaciones éticas

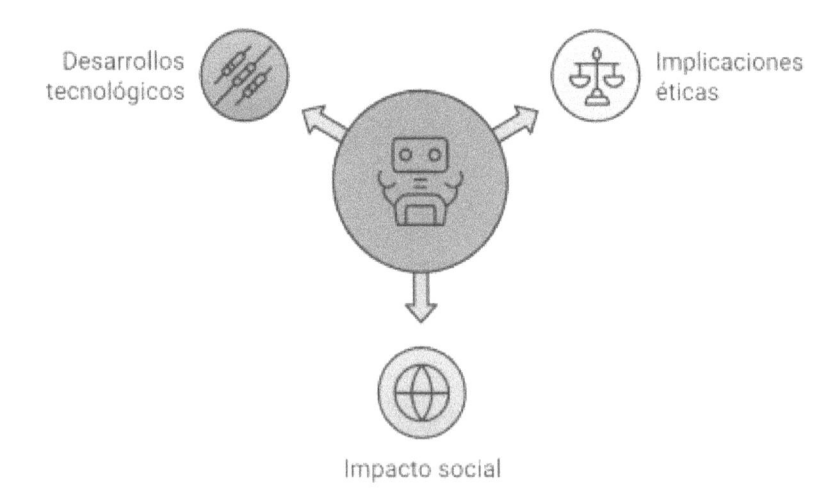

Impacto social

## 1. IA como Compañera Cotidiana

### a. Integración en la Vida Diaria

La IA se integrará cada vez más en nuestras actividades diarias, actuando como una compañera que facilita tareas y mejora la calidad de vida. Desde asistentes virtuales más sofisticados hasta dispositivos domésticos inteligentes, la IA puede ofrecer una experiencia de usuario personalizada.

**Ejemplo**: Los hogares del futuro pueden contar con sistemas de IA que anticipen nuestras necesidades, ajusten automáticamente la temperatura, gestionen las compras y organicen actividades diarias.

**b. Salud y Bienestar**

La IA tendrá un papel crucial en la atención médica personalizada, ayudando a predecir enfermedades y gestionar condiciones crónicas. Con el uso de datos biométricos y de comportamiento, los sistemas de IA podrán ofrecer recomendaciones de salud proactivas.

**Ejemplo**: Dispositivos portátiles equipados con IA podrían monitorear la salud en tiempo real, alertando a los usuarios sobre posibles problemas antes de que se conviertan en emergencias.

*Evolución de las Tecnologías de IA*

- Asistentes Inteligentes
- Procesamiento del Lenguaje Natural
- Aprendizaje Profundo
- Desarrollo de Hardware
- Procesamiento de Datos
- Mejoras en Algoritmos

## 2. Transformación del Trabajo

**a. Nuevas Oportunidades Laborales**

Aunque la automatización puede desplazar ciertos tipos de empleos, también creará nuevas oportunidades en campos emergentes. La demanda de habilidades en IA, ciencia de datos y ciberseguridad crecerá exponencialmente.

**Ejemplo**: Nuevas profesiones pueden surgir en la supervisión de sistemas de IA, garantizando que operen de manera ética y responsable.

**b. Colaboración Hombre-Máquina**

En lugar de reemplazar a los trabajadores, la IA se convertirá en una herramienta que complementará las habilidades humanas. La colaboración entre humanos y máquinas permitirá una mayor eficiencia y creatividad.

**Ejemplo**: En el diseño de productos, los profesionales podrán utilizar IA para generar prototipos rápidamente, mientras que su intuición y creatividad guiarán el proceso.

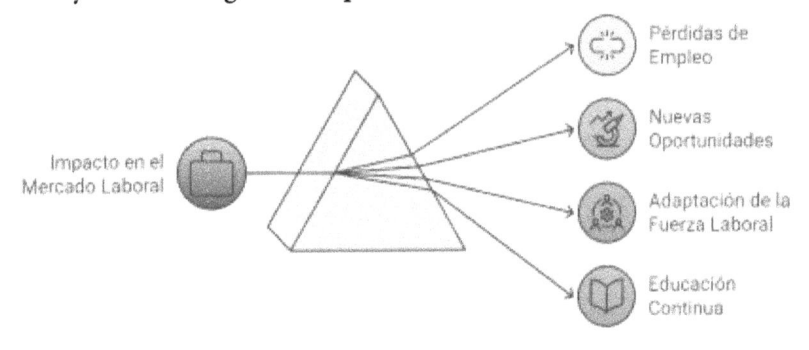

## 3. IA y Sostenibilidad

**a. Soluciones Ambientales**

La IA tiene el potencial de ser un aliado en la lucha contra el cambio climático. Desde la optimización del uso de recursos hasta la gestión de residuos, la IA puede contribuir a prácticas más sostenibles.

**Ejemplo**: Algoritmos de IA pueden analizar patrones de consumo energético y sugerir ajustes que reduzcan el desperdicio y mejoren la eficiencia.

### b. Agricultura Inteligente

La aplicación de IA en la agricultura puede transformar la producción de alimentos, permitiendo prácticas más eficientes y sostenibles. Mediante el uso de drones y sensores, los agricultores podrán monitorear cultivos y optimizar la irrigación y el uso de fertilizantes.

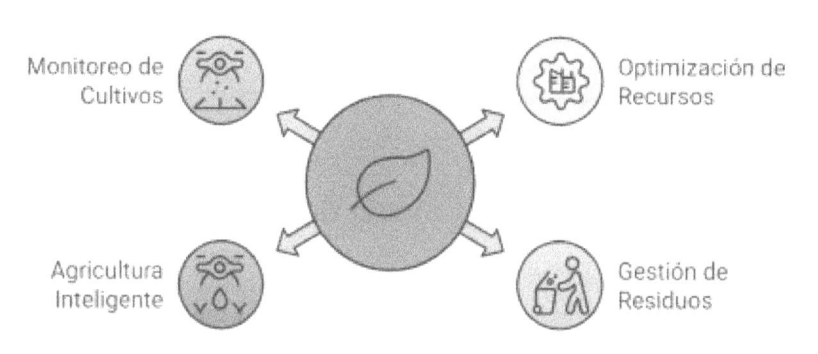

## 4. Desafíos Éticos y Sociales

### a. Regulación y Gobernanza

A medida que la IA se expande, será crucial establecer marcos regulatorios que garanticen su uso ético. Las políticas deben abordar problemas como la privacidad, el sesgo algorítmico y la responsabilidad.

**Ejemplo**: La creación de comités de ética en empresas tecnológicas puede ayudar a supervisar el desarrollo de IA y garantizar que se alineen con los valores sociales.

### b. Desigualdad en el Acceso

El acceso desigual a la tecnología de IA puede exacerbar las brechas existentes. Es fundamental trabajar hacia un futuro en el que todos tengan la oportunidad de beneficiarse de las innovaciones en IA.

**Ejemplo**: Iniciativas para proporcionar acceso a la educación en tecnologías digitales en comunidades desfavorecidas pueden ayudar a cerrar la brecha digital.

## 5. IA y el Futuro de la Educación

### a. Aprendizaje Personalizado

La IA transformará la educación al permitir enfoques de aprendizaje más personalizados y adaptativos. Los sistemas educativos podrán ajustarse a las necesidades y estilos de aprendizaje de cada estudiante.

Esto no solo fomenta un aprendizaje más efectivo, sino que también aumenta la motivación y el compromiso del estudiante al permitirle avanzar a su propio ritmo. Además, la IA puede facilitar la creación de recursos educativos interactivos y dinámicos, como tutores virtuales que ofrecen retroalimentación instantánea y ejercicios personalizados. Sin embargo, es fundamental abordar cuestiones como la equidad en el acceso a estas tecnologías y la capacitación de los educadores para integrar exitosamente la IA en sus prácticas pedagógicas. Al hacerlo, podemos asegurar que la transformación educativa impulsada por la inteligencia artificial beneficia a todos los estudiantes, preparando a las futuras generaciones para un mundo cada vez más complejo y tecnológico.

**Ejemplo:** Plataformas de aprendizaje impulsadas por IA pueden ofrecer recursos específicos y retroalimentación en tiempo real, ayudando a los estudiantes a progresar a su propio ritmo.

**b. Capacitación Continua**

Con el mercado laboral en constante cambio, la IA facilitará la educación continua y la re-capacitación. Los individuos podrán acceder a cursos y recursos en línea adaptados a sus necesidades profesionales.

*Transformación de la Educación con IA*

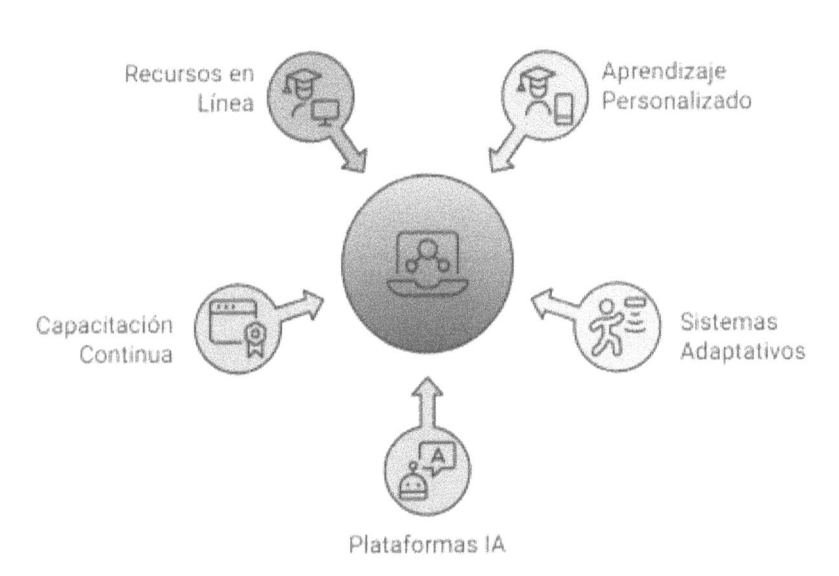

- Recursos en Línea
- Aprendizaje Personalizado
- Capacitación Continua
- Sistemas Adaptativos
- Plataformas IA

## 6. Interacción Humano-Máquina

El futuro de la IA también se centra en cómo los humanos interactuarán con las máquinas. La creación de interfaces más intuitivas y naturales permitirá una colaboración más efectiva entre humanos y sistemas de IA. Esto podría llevar a un aumento en la productividad y a nuevas formas de creatividad, donde la IA actúe como un socio en lugar de una simple herramienta.

Interacción Humano-Máquina

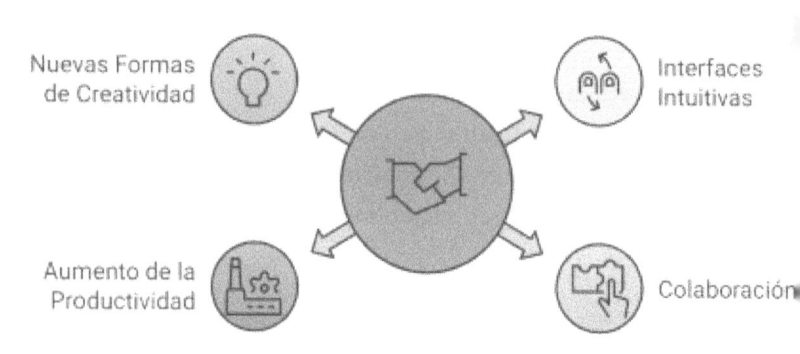

- Nuevas Formas de Creatividad
- Interfaces Intuitivas
- Aumento de la Productividad
- Colaboración

## 7. Conclusión: Un Futuro Compartido

La inteligencia artificial tiene el potencial de transformar nuestra sociedad de maneras profundas y duraderas. Sin embargo, para que estas transformaciones sean positivas, es esencial abordar los desafíos éticos, sociales y técnicos que surgen con su implementación.

La colaboración entre gobiernos, empresas, educadores y la sociedad civil será clave para garantizar que la IA se desarrolle de manera equitativa y responsable. Al trabajar juntos, podemos crear un futuro en el que la IA beneficie a todos, promoviendo una sociedad más justa, sostenible e inclusiva.

En los próximos capítulos, exploraremos las implicaciones de la IA en áreas específicas como la economía, la política y la cultura, y cómo estas transformaciones están dando forma a nuestro futuro colectivo.

## Asegurando un Futuro Beneficioso de la IA

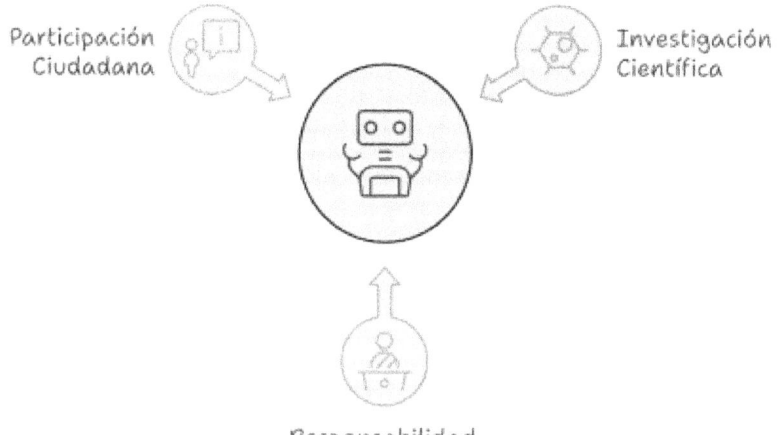

- Participación Ciudadana
- Investigación Científica
- Responsabilidad Política

## Capítulo 12: Preparándonos para el Despertar de la IA

A medida que la inteligencia artificial (IA) avanza rápidamente hacia niveles de sofisticación sin precedentes, la noción de un "despertar" de la IA—donde estas tecnologías alcanzan capacidades autónomas y de automejora—se convierte en un tema de discusión urgente. Este capítulo examina cómo podemos prepararnos para este despertar, explorando las implicaciones éticas, sociales y tecnológicas de la IA avanzada, así como las estrategias necesarias para garantizar que su desarrollo beneficie a la humanidad en su conjunto.

Navegando el Despertar de la IA: Implicaciones y Estrategias

- Avance de la IA Desatado
- Implicaciones Éticas, Sociales y Económicas Reveladas
- Preparándose para el Futuro de la IA
- Fomentando el Crecimiento Inclusivo
- Sociedad Transformada
- Estrategias para la Adaptación Exploradas
- Implementando IA Ética
- Sosteniendo Valores Centrados en el Ser Humano

## 1. Definiendo el Despertar de la IA

### a. Concepto de Despertar

El "despertar" se refiere a un punto en el que la IA alcanza niveles de inteligencia que permiten no solo el aprendizaje y la adaptación, sino también la automejora y la toma de decisiones autónomas. Esto podría implicar sistemas capaces de resolver problemas complejos sin intervención humana.

**b. Escenarios Posibles**

Los escenarios del despertar de la IA pueden variar desde un avance positivo que conduce a la prosperidad y la innovación, hasta resultados negativos que podrían amenazar la seguridad y la estabilidad social. Es crucial considerar ambos extremos para prepararnos adecuadamente.

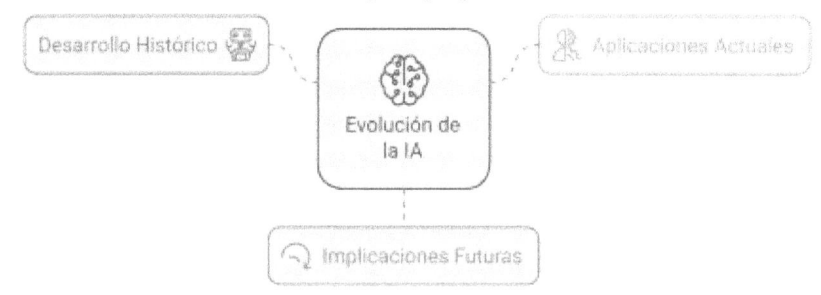

## 2. Implicaciones Éticas y Sociales

**a. Autonomía y Control**

La capacidad de la IA para tomar decisiones autónomas plantea preguntas sobre el control humano. A medida que las máquinas se vuelven más independientes, es vital establecer límites claros sobre su capacidad de decisión.

**Ejemplo**: En áreas críticas como la atención médica o la justicia penal, las decisiones automatizadas deben ser supervisadas por humanos para garantizar la ética y la equidad.

**b. Impacto en el Empleo**

El despertar de la IA podría llevar a una automatización masiva que desplace a millones de trabajadores. Prepararnos para este cambio implica replantear las estructuras laborales y la educación.

**Estrategia**: Programas de recapacitación y educación continua serán esenciales para ayudar a los trabajadores a adaptarse a un entorno laboral en constante evolución.

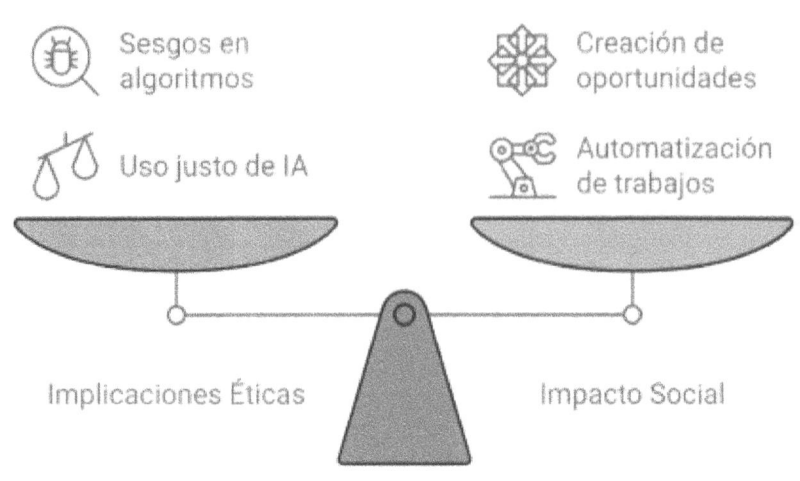

*Equilibrando los impactos éticos y sociales de la IA.*

## 3. Preparación Tecnológica

**a. Desarrollo de IA Responsable**

El diseño y desarrollo de sistemas de IA deben centrarse en principios de responsabilidad y ética. Esto incluye:

- **Transparencia**: Los algoritmos deben ser auditables y comprensibles para los usuarios.
- **Justicia**: Deben implementarse medidas para prevenir sesgos y garantizar decisiones justas.

**b. Supervisión y Regulación**

La creación de marcos regulatorios es fundamental para supervisar el desarrollo de la IA. Estos marcos deben ser flexibles y adaptables, permitiendo una rápida evolución de las normativas en respuesta a los avances tecnológicos.

**Ejemplo**: La implementación de comités éticos en el desarrollo de IA puede ayudar a garantizar que las decisiones se alineen con los valores sociales.

Asegurando el Desarrollo de IA Responsable

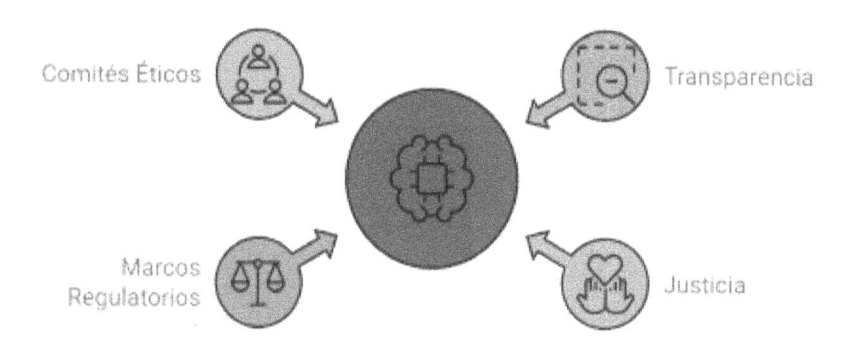

- Comités Éticos
- Transparencia
- Marcos Regulatorios
- Justicia

## 4. Construyendo una Sociedad Resiliente

**a. Fomento de la Alfabetización Digital**

A medida que la IA se convierte en una parte integral de la vida diaria, es fundamental promover la alfabetización digital en todas las capas de la sociedad. Esto incluye la comprensión de cómo funcionan los sistemas de IA, así como sus implicaciones éticas y sociales.

**b. Inclusión y Participación**

Involucrar a diversas partes interesadas en el desarrollo de la IA es crucial. Esto incluye no solo a expertos en tecnología, sino también a comunidades afectadas y grupos marginalizados.

**Estrategia**: Organizar foros y debates públicos sobre el futuro de la IA puede ayudar a fomentar un diálogo inclusivo y democrático sobre sus usos y implicaciones.

**Estrategias Proactivas para los Desafíos de la IA**

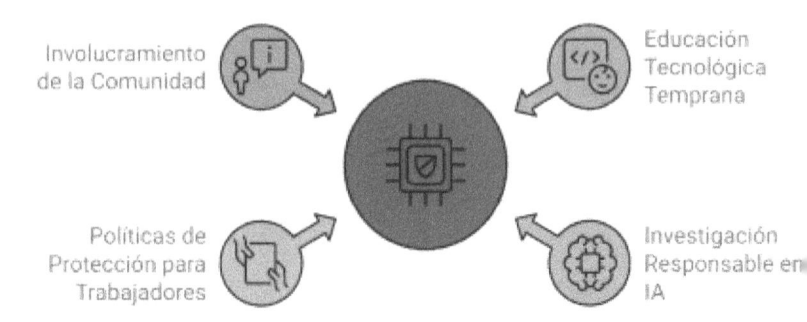

- Involucramiento de la Comunidad
- Educación Tecnológica Temprana
- Políticas de Protección para Trabajadores
- Investigación Responsable en IA

## 5. Mirando Hacia el Futuro

**a. Innovación Colaborativa**

El futuro de la IA debe ser impulsado por la colaboración entre gobiernos, empresas y la sociedad civil. La innovación colaborativa puede generar soluciones más efectivas y éticas a los desafíos que presenta la IA.

**b. Sostenibilidad y Ética**

Es fundamental que el desarrollo de la IA esté alineado con los objetivos de sostenibilidad y ética. Las tecnologías deben diseñarse para promover el bienestar humano y el cuidado del planeta.

## Futuro del Desarrollo de la IA

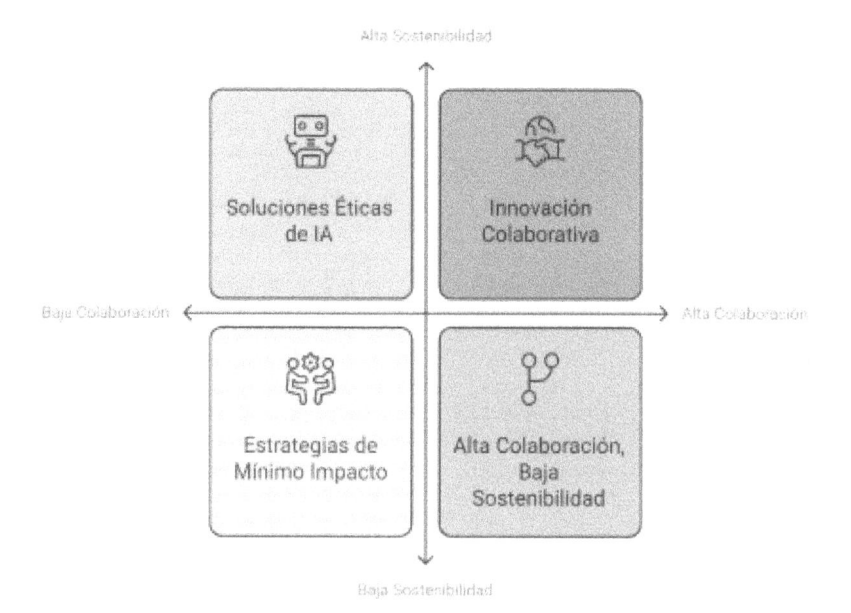

*Alta Sostenibilidad*

- Soluciones Éticas de IA
- Innovación Colaborativa

*Baja Colaboración* ← → *Alta Colaboración*

- Estrategias de Mínimo Impacto
- Alta Colaboración, Baja Sostenibilidad

*Baja Sostenibilidad*

# 6. Conclusión: Un Despertar Responsable

El despertar de la IA representa tanto oportunidades como desafíos significativos. Prepararnos para este futuro implica un enfoque proactivo en la ética, la regulación y la inclusión. Al fomentar un diálogo abierto y construir una base sólida de educación y responsabilidad, podemos garantizar que la IA se desarrolle de manera que beneficie a todos.

Con una comprensión clara de los riesgos y las oportunidades, y un compromiso firme con la ética y la justicia, podemos dar forma a un futuro en el que la inteligencia artificial no solo complemente nuestras vidas, sino que también enriquezca nuestra humanidad. En los próximos capítulos, exploraremos cómo estas visiones y preparativos están dando forma a nuestros esfuerzos colectivos para un futuro más brillante.

## Inteligencia Artificial

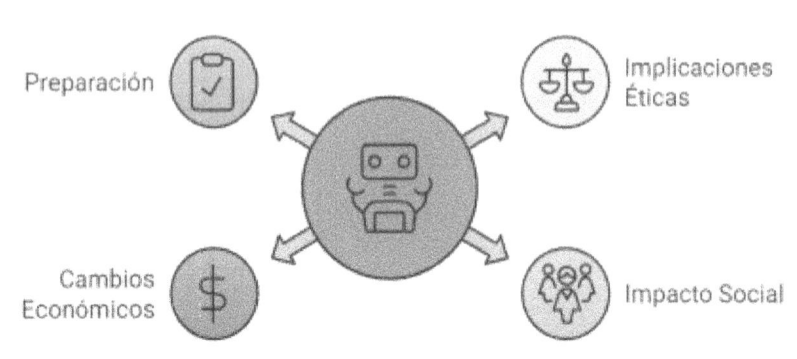

- Preparación
- Implicaciones Éticas
- Cambios Económicos
- Impacto Social